Lektürehilfen

J. M. R. Lenz

„Der Hofmeister oder Vorteile der Privaterziehung“

„Die Soldaten“

von Udo Müller

Ernst Klett Verlag
Stuttgart Düsseldorf Leipzig

Den beiden Texten von J.M.R. Lenz wurden folgende Ausgaben zugrunde gelegt:

J.M.R. Lenz, **Der Hofmeister oder Vorteile der Privaterziehung.** Editionen für den Literaturunterricht. Text und Materialien.
Materialien ausgewählt und eingeleitet von Udo Müller.
Stuttgart 1988.
Klettbuch 3546.

J.M.R. Lenz, **Die Soldaten.** Editionen für den Literaturunterricht. Text und Materialien.
Materialien ausgewählt und eingeleitet von Udo Müller.
Stuttgart 1988.
Klettbuch 3545.

Gedruckt auf Papier,
welches aus Altpapier
hergestellt wurde.

Die Deutsche Bibliothek – CIP-Einheitsaufnahme

Ein Titeldatensatz für diese Publikation ist bei
Der Deutschen Bibliothek erhältlich.

5. Auflage 1999

Internetadresse: http://www.klett-verlag.de/klett-lerntraining
E-Mail: klett-kundenservice@klett-mail.de
Umschlagabbildung: Zeichnung von Johann Heinrich Pfenninger
Satz: Boy, Regensburg
Druck: Wilhelm Röck, Weinsberg
Einbandgestaltung: Bayerl & Ost, Frankfurt/M.
ISBN 3-12-922335-5

Inhalt

Einleitung

„Es ist wahr und wird bleiben, mögen auch Jahrhunderte über meinen armen Schädel verachtungsvoll fortschreiten. Amen.“ – Mit so selbstbewußten Tönen übersendet Jakob Michael Reinhold Lenz 1775 sein gerade fertiggestelltes Stück „Die Soldaten“ an Johann Gottfried Herder, der es zum Druck befördern soll.

Die Äußerung ist aus heutiger Sicht nur zu bestätigen. Mit seinen beiden dramatischen Früh- und Hauptwerken „Der Hofmeister“ und „Die Soldaten“ hat Lenz in der Tat eine neue, zukunftsträchtige Art der Menschendarstellung geschaffen. Es sind Stücke mit erregend modernen Stilzügen, Schlüsselwerke des entstehenden sozialen Dramas, bedeutende Dokumente einer aus Unklarheit und Gärung sich herausbildenden, schon bald von übermächtigen Gegenströmungen verschütteten, heute wieder klar hervortretenden Tradition. Lenz steht damit in gewisser Hinsicht am Beginn der modernen Bühnenästhetik. Die Kühnheit des dramatischen Zugriffs erklärt dabei das Experimentelle, das Skizzenhafte, wohl auch das Halbgelungene mancher Lösung.

Der selbstbewußte Ton, den Lenz im Brief an Herder anschlägt, ist eher untypisch für seine Selbstkommentare. Dort überwiegen sonst deutlich die immer wiederkehrenden Äußerungen des Selbstzweifels, ja sogar des Selbsthasses. Diese Haltung resultiert nicht zuletzt aus der düsteren Lebensgeschichte des Jakob Michael Reinhold Lenz: Die Zweifel an der eigenen Berufung zum Dichter, der unbewältigte Bruch mit dem Vater und dem von diesem verordneten geistlichen Beruf, aber auch die karge und ungesicherte materielle Existenz führten ihn in pathologische Zerrissenheit.

Seit einigen Jahrzehnten erst hat man die Spur dieses verschollenen Autors wieder aufgenommen, ist neues und überraschend großes Interesse an Lenz zu spüren, wird er als einer der entscheidenden Begründer des sozialen Dramas anerkannt. Daher erscheint es gerechtfertigt, seine Hauptwerke auch in den Schulunterricht einzubeziehen. Ihre Risse und Sprünge verweisen auf die Widersprüche der bürgerlichen Wirklichkeit des endenden 18. Jahrhunderts, aber auch der in sich problematischen Sturm-und-Drang-Existenz, fernab vom geläufigen Klischee des Kraftkerls. Literarisches Bewußtsein muß immer wieder die Kraftlinien seiner Traditionen neu vermessen. Es gibt keinen Grund, den Literaturunterricht von diesem geistigen Prozeß auszuschließen.

Die vorliegende Darstellung möchte einen Beitrag dazu leisten, die zeitlich so fernliegenden und doch modernen Hauptwerke des Dramatikers Lenz zu erschließen. Sie ist in den wesentlichen Kapiteln nach thematischen Aspekten gegliedert, die sich auf beide Werke zugleich beziehen, weil diese Werke gemeinsam einen bestimmten Typus dramatischer Darstellung begründet haben und dieser Typus aus den Analogien beider Stücke zwingend sichtbar wird. Wenn es ein Nebeneffekt dieses ständigen Hin- und Hergehens zwischen „Hofmeister“ und „Soldaten“ sein sollte, daß der, der es mit dem einen Werk zu tun hat, auf das andere neugierig wird, so wäre das ganz im Sinn des Verfassers.

Inhaltlicher Aufbau

„Der Hofmeister oder Vorteile der Privaterziehung"

I. Akt

1. Szene

Schauplatz ist die Stadt Insterburg in Preußen. Der Pastorensohn Läuffer betritt die Bühne. Er ist unschlüssig, welche berufliche Laufbahn er als Studierter einschlagen soll. Adjunkt – also etwa Amtsgehilfe seines Vaters mit späterem Nachfolgerecht – kann er nicht werden, weil der Vater sein Gehalt nicht übernehmen will. Pfarrer – „Pfaffe" – will er auch nicht werden, weil er sich „zu jung, zu gut gewachsen" fühlt; Klassenpräzeptor – also Lehrer an einer öffentlichen Schule – darf er nicht werden, weil der Geheime Rat von Berg, der über die Schule der Stadt bestimmt, ihn nicht als Lehrer einstellen will – wofür sich Läuffer im übrigen auch für „viel zu gelehrt" hält. Als der Geheime Rat mit seinem Bruder, dem Major von Berg, auftritt, geht Läuffer, der sich von ihm nicht ernstgenommen fühlt, mit „viel freundlichen Scharrfüßen" ab.

2. Szene

Aus dem sich entspinnenden Gespräch des Geheimen Rats mit dem Major geht hervor, daß dieser Läuffer als Hofmeister, d.h. als Privatlehrer für seine Kinder, anstellen will. Der Major, der offenbar sehr unter dem Regiment seiner Frau steht und seinen Sohn Leopold am liebsten als Soldaten und „Kerl, wie ich gewesen bin" sehen will, verbittet sich die skeptischen Einwendungen des Geheimen Rats und verweist diesen auf den bedenklichen Lebenswandel seines eigenen Sohns.

3. Szene

Im Zimmer der Majorin in Heidelbrunn stellt sich Läuffer in „demütiger" Haltung als künftiger Hofmeister vor. Das Gehalt von 300 Dukaten, das zunächst in Aussicht gestellt war, ist auf 150

Dukaten gekürzt worden, obwohl andererseits plötzlich von zusätzlichen Pflichten die Rede ist. An pädagogischen Qualifikationen verlangt die Majorin kaum mehr, als daß Läuffer „sich in Kleidern sauber halten“ soll. Auch für Läuffer, der sich rühmt, beim Studium in Leipzig „keinen Ball ausgelassen“ und „fünfzehn Tanzmeister“ gehabt zu haben, sind vor allem Äußerlichkeiten wichtig; seine Tanzkünste führt er auf Verlangen gleich vor. Als die Majorin ihre Gesangskünste erwähnt, traktiert Läuffer sie mit plumpen Schmeicheleien. Sie läßt sich das durchaus gefallen, spielt aber dann beim Eintritt des Grafen Wermuth sofort wieder die unnahbare Adelsdame. Sie weist Läuffers naiven Versuch, sich weiter am Gespräch zu beteiligen, zurück und ihn selbst hinaus: „Merk Er sich, mein Freund! daß Domestiken in Gesellschaften von Standespersonen nicht mitreden.“ Dem Grafen gegenüber renommiert die Majorin mit dem neu engagierten Hofmeister und dessen angeblich kostspieligem Gehalt. Danach entspinnt sich eine Konversation im inhaltslosen Zier- und Spielton der adligen Gesellschaft, mit deren Beginn die Szene unvermittelt abbricht.

4. Szene

Läuffer unterweist in seinem Zimmer beim Major dessen Sohn Leopold in Latein. Der Major „überfällt“ sie dabei polternd, verlangt die Anwendung handgreiflicher Erziehungsmethoden an Leopold, der entgegen den Angaben des vorherigen Hofmeisters „kaum Lateinisch lesen“ kann. Bei dieser Gelegenheit kündigt er Läuffer eine weitere Reduzierung seiner Bezahlung an und verpflichtet ihn überdies dazu, nun auch noch seine Tochter Gustchen im Zeichnen zu unterweisen. Läuffer wird eindringlich ermahnt, mit der sensiblen Tochter besonders behutsam umzugehen, die von der Majorin offenbar scharf angefaßt wird, zu deren Lob der Major selbst aber die innigsten Töne anschlägt.

5. Szene

Gustchen verabschiedet sich von ihrem Vetter Fritz von Berg, dem Sohn des Geheimen Rats. Bei ihren Liebesbezeigungen bewegen sich die beiden ganz im Ton von Shakespeares „Romeo und Julia“, wobei Spiel und Ernst ineinander verschränkt sind. Als Fritz gerade schwört, daß er in drei Jahren von der Universität zurückkommen und Gustchen heiraten wird, die ihm ihrerseits Treue gelobt, kommt der Geheime Rat hinzu, worauf beide „mit lautem Geschrei“ aufspringen.

6. Szene

In einem scharfen Verhör hält der Geheime Rat Gustchen und Fritz ihr „kindisches" Verhalten vor und zwingt die „beiden Narren" zu einem kurzen Abschied unter seiner Kontrolle. Sie sollen sich, solange Fritz studiert, „nie andere Briefe schreiben als offene", und auch diese nur in langen Abständen. Andernfalls soll Fritz zu den Soldaten und Gustchen ins Kloster gesteckt werden. Am Ende der Szene, als Gustchen zögernd abgeht und Fritz „ihr weinend an den Hals" stürzt, legt auch der Geheime Rat seine Schroffheit ab und zeigt sich gerührt: „Die beiden Narren brechen mir das Herz! Wenn doch der Major vernünftiger werden wollte, oder seine Frau weniger herrschsüchtig!"

II. Akt

1. Szene

Nachdem sein Sohn nun schon im dritten Jahr im Dienst des Majors steht, beschwert sich der alte Pastor Läuffer beim Geheimen Rat, daß sein Sohn vom Major von Berg nun nicht einmal mehr 100 Dukaten erhalten soll. Auf solche Klagen antwortet der Geheime Rat mit den grundsätzlichen Vorbehalten, die er gegen die Privaterziehung hat. Hofmeister sieht er als Gelehrte an, die in der vagen Hoffnung auf spätere Berufung in ein öffentliches Amt auf ihre Freiheit verzichten und sich zu Domestiken, jeder Laune der Herrschaft ausgeliefert, mißbrauchen lassen. Damit setzt sich der Geheime Rat in Gegensatz zu den üblichen Anschauungen seines eigenen adligen Standes, während der Pastor als Bürgerlicher, der nach eigenen Hofmeisterjahren zu seinem geistlichen Amt gekommen ist, das Dasein der Hofmeister verteidigt. Für den Einwand des Pastors, daß es zu dieser fragwürdigen Position nun einmal keine Alternative gebe und die Stellung als Hofmeister ein Sprungbrett in ein öffentliches Amt sein könne, hat der Geheime Rat kein Verständnis. Er erklärt in dem sich entwickelnden Streit um den Vorrang der adligen oder bürgerlichen Erziehung die öffentliche Schule für besser und nimmt dabei Partei für ein selbstbewußtes Bürgertum. Über den Aufstieg des Pastors, der nur über eine geeignete Heirat möglich war, spottet er, und dessen Bitte, Läuffers Bezahlung aufzubessern, indem er ihn seinen eigenen (zweiten) Sohn mitunterrichten ließe, lehnt er kurzerhand ab. Davon bringt ihn auch ein vom Pastor vorgewiesener Brief Läuffers nicht ab, aus dem hervorgeht, wie demütigend dessen Lebensbedingungen sind: Er speist nur mit der Herrschaft, wenn keine Gäste da sind, und kommt niemals von seinem Dienstort weg, da man ihm ein Pferd verweigert. Lediglich 30 Dukaten als einmalige Unterstützung läßt sich der Geheime Rat abringen.

2. Szene

Läuffer, der inzwischen Gustchen Zeichenunterricht gibt (und daneben ihre heimlichen Briefe an Fritz weiterleitet), erscheint verzweifelt über seine erbärmliche Existenz und erregt dadurch Gustchens Mitleid. In dem kurzen, durch Läuffers erregtes Weglaufen jäh abgebrochenen Gespräch werden in den halb ernsthaften, halb überzogenen Vorwürfen Läuffers wegen eines noch nicht angefertigten Porträts und in den kokett getönten Entschuldigungen Gustchens Untertöne eines sich anbahnenden erotischen Verhältnisses spürbar.

3. Szene

Im sächsischen Halle befindet sich Fritz von Berg bei dem mit ihm studierenden Freund Pätus im Zimmer. Fritz ist melancholisch und unruhig, weil keine Nachricht mehr von Gustchen kommt. Pätus entfacht einen turbulenten Streit mit seiner Zimmerwirtin Frau Blitzer, deren Gerstenkaffee er zum Fenster hinauswirft. Als auch der gemeinsame Freund Bollwerk hinzukommt, machen sich alle drei Studenten auf zu der gerade neu angekommenen Theatertruppe, die Lessings Komödie „Minna von Barnhelm" spielt. Fritz verschiebt dafür das eigentlich beabsichtigte Schreiben eines Briefs an Gustchen. Der verschuldete Pätus, der nur noch seinen winterlich dicken Wolfspelz anzuziehen hat, muß in diesem statt im Rock gehen, obwohl es draußen sommerlich heiß ist.

4. Szene

Eine Nachbarin, Frau Hamster, erfährt von ihrer Tochter und deren Freundin Jungfer Knicks, wie Pätus auf dem Weg zum Theater an diesen vorbeigestürmt ist, gejagt von drei großen Hunden wegen seines Pelzes: „Seine Haare flogen ihm nach wie der Schweif an einem Kometen, und je eifriger er lief, desto eifriger schlugen die Hunde an ...". Jungfer Knicks, die „krank vor Lachen" ist, will nun auf den eigentlich geplanten Komödienbesuch verzichten, weil sie „doch da nicht soviel zu lachen kriegen" würde.

5. Szene

In Heidelbrunn liegt Gustchen in ihrem Zimmer kränklich auf dem Bett, Läuffer sitzt an ihrer Seite. Eine seltsam beziehungslose Liebschaft zwischen beiden hat sich ergeben. Aus Läuffers Worten wird deutlich, daß seine Lage sich weiter zugespitzt hat. Er soll nun für das nächste Jahr nur noch vierzig Dukaten Gehalt bekommen und muß sich von seinem Zögling Leopold sogar Ohrfeigen gefallen lassen. Als er davon spricht, er müsse nun den Dienst quittieren, antwortet Gustchen ganz im pathetisch-sentimentalen Ton ihrer Lektüre: „Grausamer, und was werd ich denn anfangen?“ Vor allem beklagt sie, die sich von allen verlassen fühlt, das Ausbleiben neuer Nachrichten von Fritz im fernen Halle. In ihrer Schwärmerei verschmilzt das literarische Modell von Shakespeares „Romeo und Julia“ mit ihrer realen Lebenssituation: Sie drückt Läuffers Hand an die Augen, sagt „O unmenschlicher Romeo!“ und meint in Wirklichkeit Fritz. Auch Läuffer spricht nur in Andeutungen von seinen Ängsten. In Gustchens Unwohlsein fürchtet er Anzeichen einer Schwangerschaft zu erkennen. Dies führt zu düsteren Ahnungen, es könne ihm „gehen wie Abälard“, dem mittelalterlichen Philosophen, der wegen seines Verhältnisses zu seiner Schülerin Heloise kastriert wurde. Als Läuffer Geräusche auf dem Gang wahrnimmt, läuft er eilig fort – er ist „drei Viertelstund zu lang hiergeblieben“. Daher kastriert er sich selbst

6. Szene

Die Majorin hat Besuch vom Grafen Wermuth. Dieser renommiert mit seinen angeblichen luxuriösen Essen – „sechshundert Stück“ Austern will er mit seinem Bruder auf einmal verzehrt und dazu „zwanzig Bouteillen Champagner“ ausgetrunken haben. Er beklagt sich, daß Fräulein Gustchen sich nicht mehr sehen lasse. Mit boshafter Indiskretion, aus der zugleich die verdeckte Intimität ihres Verhältnisses zum Grafen Wermuth deutlich wird, berichtet die Majorin von ihrem Mann, der sich in letzter Zeit verbissen auf die Landwirtschaft verlegt hat und in der übrigen Zeit „stumm wie ein Stock“ zuhause sitzt. Als dann der Major erscheint, macht er düstere Andeutungen über seine Tochter, die „von Tag zu Tag abfällt“. Seine rastlose Mühe auf dem Feld erklärt er mit seiner Sorge: „Ich muß wohl schaffen und scharren, meiner Tochter einen Platz im Hospital auszumachen.“ Er schreibt der Majorin mit ihrer „Strenge“, ihren „Grausamkeiten“ und ihrem „Neid“ die Schuld am erbärmlichen Zustand der Tochter zu. Sie spottet jedoch bloß in adliger Überheblichkeit über seine standesunwürdige Landarbeit. Als er abgeht, wendet sie sich mit dem Grafen dem Piquetspiel zu.

7. Szene

In Halle sitzt Fritz von Berg im Gefängnis; er hat für Pätus' Schulden gebürgt. Als gerade Bollwerk, Herr von Seiffenblase und dessen Hofmeister Pätus' Verschwinden als böswillige Flucht deuten, stürzt dieser herein. Pätus berichtet, sein Vater, mit dem er sich zu versöhnen und von dem er das nötige Geld zu bekommen hoffte, habe ihn nicht einmal vorgelassen. Verzweifelt will Pätus sich mit einem Degen erstechen, den ihm Seiffenblase willfährig anbietet. Bollwerk empört sich über Seiffenblases Verhalten, beleidigt ihn und erklärt sich zum Duell bereit. Dann reißt er zunächst einmal Pätus mit sich fort, um dessen Verhaftung anstelle des Bürgen Fritz, dessen Vater ihn „schon auslösen" werde, zu verhindern.

III. Akt

1. Szene

In Heidelbrunn hat der Major den tiefsten Punkt seiner trübseligen Stimmung erreicht. Er klagt dem Geheimen Rat seinen Kummer über die Hinfälligkeit Gustchens, die er zu seinem „Abgott" erhoben hat. Als er gerade angekündigt hat, seine bisherige Existenz aufzugeben, um Bauer zu werden, stürzt die Majorin völlig außer Fassung herein: Sie hat entdeckt, daß Gustchen durch Läuffer verführt worden und verschwunden ist. In einem grellen Wutausbruch will der Major „ein Exempel statuieren" und läßt sich nun weder von seiner Frau noch von seinem Bruder zurückhalten.

2. Szene

Läuffer, getrennt von Gustchen und wie sie auf der Flucht, kommt zu einer Dorfschule. Der Schulmeister Wenzeslaus stellt auf Läuffers erregte Bitte um Schutz ungerührt allerlei Betrachtungen an, so etwa über den von Läuffer angegebenen falschen Namen „Mandel". Als Graf Wermuth mit pistolentragenden Bedienten auf der Suche nach Läuffer (der sich in einer Seitenkammer verborgen hat) erscheint, droht Wenzeslaus den Eindringlingen, er werde „ein halb Dutzend handfester Bauernkerle" mobilisieren, und setzt sie kaltblütig vor die Tür. Unbeeindruckt von dem Zwischenfall räsoniert er darauf in der „obigen Attitude“ weiter und setzt seine vorherigen Betrachtungen über die „Cirkulation und die Lebensgeister“ fort. Er bietet Läuffer auf den Abend „Salat und Knackwurst“ an.

3. Szene

In Heidelbrunn machen der auf Rache sinnende Herr von Seiffenblase und sein Hofmeister dem Geheimen Rat ihre Aufwartung. Sie berichten schadenfroh und mit Genuß davon, daß Fritz für Pätus im Gefängnis sitzt. Der Geheime Rat, der zunächst noch ein gewisses Verständnis für seinen Sohn aufbringt, läßt sich schließlich doch durch die Verdrehungen der beiden zu der Ansicht bringen, sein Sohn sei Teil eines „Kleeblatts“ von Fehlgeleiteten, und spricht von einem „Gericht Gottes über gewisse Familien“.

4. Szene

Wenzeslaus und der verstörte Läuffer, dem die karge, aber unabhängige Lebensweise des Schulmeisters als ein Wunder an „Freiheit“ vorkommt, sitzen beim Essen. Der Schulmeister fährt mit seinen absonderlichen Reden fort, wobei er zugleich den gerade erst davongekommenen Läuffer als Schreibgehilfen anlernt und auf seine eigenen Vorstellungen von Genügsamkeit und Mißtrauen gegen „böse Begierden“ einschwört: „Ich will Euch nach meiner Hand ziehen, daß Ihr Euch selber nicht mehr wieder kennen sollt.“

IV. Akt

1. Szene

Ein Jahr nach Gustchens Verschwinden sitzen der Major und der Geheime Rat in Insterburg und klagen sich gegenseitig ihr Leid. Während der Major in den Krieg gegen die Russen ziehen und sterben will, ist der Geheime Rat über einen Brief beunruhigt, den er gerade erhalten hat. Ein Freund teilt darin mit, daß Fritz, der nach fünf vergeblichen Briefen keine Hoffnung mehr auf väterliche Verzeihung habe, aus dem Gefängnis entwichen sei. Ferner hat der Geheime Rat einen Hinweis des Grafen Wermuth erhalten, wonach Läuffer sich möglicherweise beim Schulmeister Wenzeslaus versteckt halten könnte. Der Major drängt sofort darauf, nochmals zu Wenzeslaus zu gehen. Wenn er dort seine Tochter als „Gassenhure“ fände, wolle er „das letztemal laut lachen und meinen Kopf in ihren entehrten Schoß legen und denn wieder einmal heulen“.

2. Szene

Gustchen hält sich seit einem Jahr im Wald in der Hütte der alten blinden Bettlerin Marthe versteckt. Sie hat vom Tod ihres Vaters geträumt und will nun, gegen die Beschwörungen der Bettlerin, erstmals seit ihrer Niederkunft zum Dorf, um ihrem Vater ein Lebenszeichen zukommen zu lassen.

3. Szene

In der Schule sitzen Wenzeslaus und Läuffer. Da bricht der Major mit dem Geheimen Rat und dem Grafen Wermuth herein und schießt Läuffer in den Arm. Wenzeslaus empört sich über den Überfall, geht dann aber, rasch besänftigt, nach dem „Gevatter Schöpsen“, der die Wunde versorgen soll. Läuffer, der von Anfang an geständig ist, nimmt seine Verletzung als gerechte Strafe. Als er auch auf alle Drohungen nichts über Gustchens Schicksal zu berichten weiß, eilt der Major mit seinen Gefährten weiter, um seine Suche nach der Tochter fortzusetzen. Wenzeslaus kommt mit dem „Chirurgus“ zurück und stellt weitläufige Betrachtungen über dessen mangelndes Können an, ist aber hochbefriedigt über einen Beutel mit Dukaten, den der Geheime Rat hinterlassen hat.

4. Szene

Gustchen liegt am Rand eines Teichs, erschöpft vom Weg und geplagt von Visionen: Sie glaubt, ihr Vater sei aus Gram über ihren Fehltritt und ihr Verschwinden gestorben. Als sie sich schließlich verzweifelt in den Teich wirft, um ihm in den Tod zu folgen, tauchen gerade der Major, der Geheime Rat und Graf Wermuth auf. Der Major springt dem noch nicht erkannten „Weibsbild“ nach, während der Graf nicht schwimmen kann und der Geheime Rat die Rettung wortreich kommentiert.

5. Szene

Auf einer anderen Seite des Teichs trägt der Major seine gerettete Tochter an Land; er erkennt sie und verzeiht ihr, nimmt sie auf die Arme und drückt sie an sein Herz: „O du mein einzig teurester Schatz! Daß ich dich wieder in meinen Armen tragen kann, gottlose Kanaille!“

6. Szene

In Leipzig sind sich Fritz von Berg und Pätus uneins. Pätus ist, enttäuscht von der koketten Jungfer Hamster, bei der Tochter des Lautenspielers Rehaar ins Fenster eingestiegen und hat sie damit kompromittiert, was ihm Fritz als unehrenhaft vorhält. Der Musiker Rehaar kommt dazu, seine Laute stimmend und von „Konzertchen" redend, furchtsam und unterwürfig. Als sich Pätus, der sich zuerst im Hintergrund gehalten hat, ins Gespräch einmischt, macht ihm Rehaar weinerlich Vorwürfe. Er hat seine Tochter fortgeschickt, „und das nach Kurland zu ihrer Tante; ja nach Kurland, Herr, denn hier ist ihre Ehr hin und wer zahlt mir nun die Reisekosten?" Von Pätus geohrfeigt, läuft Rehaar schließlich weinend davon. Fritz verstärkt seine Vorhaltungen und will sich nun mit Pätus schlagen, wenn dieser dem Musiker nicht „öffentlich abbitten" werde.

V. Akt

1. Szene

In der Dorfschule erscheint nach langen Mühen die blinde Bettlerin Marthe mit dem Kind auf dem Arm bei Läuffer, der, als er seine Gesichtszüge bei dem Kind wiedererkennt, in Ohnmacht fällt. Marthe geht ab; sie will „um Hülfe rufen; ich glaube, ihm ist weh worden."

2. Szene

In einem Wäldchen vor Leipzig und in Anwesenheit Rehaars stehen sich Fritz von Berg und Pätus mit gezogenen Degen zum Duell gegenüber. Pätus bringt es jedoch nicht fertig, sich mit Fritz zu schlagen. Als er darauf Rehaar Satisfaktion geben will, verletzt ihn dieser, ohne daß sich Pätus wehrt. Während nun Fritz über Rehaars unehrenhaftes Verhalten aufgebracht ist, bittet Pätus den Musiker plötzlich um Verzeihung und will auch dessen Tochter heiraten. Die Szene endet im Einklang: Rehaar will mit Fritz „Lautchen spielen", und Pätus will „die Violin dazu streichen".

3. Szene

In der Dorfschule liegt Läuffer zu Bett; er hat Wenzeslaus von der Arbeit rufen lassen und eröffnet diesem, daß er sich selbst kastriert hat. Darauf reagiert Wenzeslaus, für den Läuffer sein „geistlicher Sohn“ ist, mit der größten Begeisterung und mit der Nennung geistlicher Vorbilder: „Das ist die Bahn, auf der Ihr eine Leuchte der Kirche, ein Stern erster Größe, ein Kirchenvater selber werden könnt.“ In sein Konzept der genügsamen Kasteiung paßt dieser Schritt Läuffers hinein, – der allerdings andere Gründe, nämlich „Reue“ und „Verzweiflung“ für seine Tat nennt. Wenzeslaus entfernt sich, um den Dorfchirurgen zu holen, der schon Läuffers angeschossenen Arm kuriert hat.

4. Szene

In Leipzig begegnen sich Fritz von Berg und der Musiker Rehaar auf der Straße. Rehaar berichtet von einem Brief des Herrn von Seiffenblase, der sich in Königsberg um Rehaars Tochter bemüht, die doch nun Pätus versprochen ist. Seiffenblase habe ihm auch einen Brief an Fritz mitgeschickt. Fritz nimmt den Brief, geht dann aber, ohne ihn zu öffnen, zur Vorlesung.

5. Szene

In Königsberg stehen der Geheime Rat, Gustchen und der Major am Fenster ihres Hauses; sie beobachten das Ein- und Ausgehen Herrn von Seiffenblases, der der Jungfer Rehaar nachstellt. Als er das Haus gegenüber verläßt, offenbar abgewiesen von Gustchens Tante, beschließt der Geheime Rat, sich um die Angelegenheit zu kümmern.

6. Szene

In Leipzig schreibt Pätus in seinem Zimmer. Fritz von Berg tritt herein; jetzt in Gegenwart Pätus' wagt er erst den Brief Seiffenblases zu öffnen, den ihm dann Pätus vorlesen muß. Daraus erfährt Fritz erst von Gustchens Verhältnis mit Läuffer, ihrer Flucht und ihrem Sprung in den Teich, während die Rettung nicht erwähnt wird. So hält er sich für schuldig an ihrem Tod, weil er nicht in der vereinbarten Zeit Nachricht gegeben hat. Fritz will nun nach Hause reisen, ist aber in Verlegenheit um das Reisegeld; Pätus, der ihn begleiten will, möchte zuvor nach der Lotterie gehen.

7. Szene

In Königsberg führt der Geheime Rat Jungfer Rehaar als „Gespielin“ zu Gustchen. Er erzählt von Intrigen, die Herr von Seiffenblase, wütend über die Behinderung seiner amourösen Bemühungen um die Jungfer, gegen ihn eingeleitet hat. Mit dem Major beschließt er, Gustchen nach Heidelbrunn zurückzubringen und Jungfer Rehaar mitzunehmen. Er selbst jedoch hegt weiterhin Groll gegen seinen vermeintlich untreuen, in Wirklichkeit durch Seiffenblase verleumdeten Sohn Fritz.

8. Szene

Zu Fritz von Berg, der in Leipzig in seinem Zimmer sitzt, stürzt triumphierend Pätus herein. Er hat in der Lotterie gewonnen, kann seine und Fritz' Schulden bezahlen und will sich nun um die Vergebung seines Vaters bemühen: „heut noch nach Insterburg, juchhe!"

9. Szene

In der Schule macht Wenzeslaus Läuffer Vorhaltungen, weil dieser sich während der Predigt offenbar mit anderen Dingen beschäftigt hat. Trotz Läuffers anfänglicher Ausreden, er habe ein Gemälde betrachtet, besteht Wenzeslaus darauf, eines der Bauernmädchen habe seine Aufmerksamkeit gefesselt: „Aber sag Er mir doch, wo will Er hin, daß Er sich noch bösen Begierden überläßt, da's Ihm sogar an Mitteln fehlt, sie zu befriedigen? Will Er sich dem Teufel ohne Sold dahingeben?" Unter solchen Ermahnungen verläßt er Läuffer, der nachdenklich sitzen bleibt.

10. Szene

Das Bauernmädchen Lise, das Läuffers Blicke in der Kirche auf sich gezogen hat, tritt schüchtern herein mit der vorgeschobenen Frage, „ob morgen Kinderlehre sein wird". Trotz seines Gebrechens fühlt sich Läuffer von dem naiven Mädchen angezogen und küßt sie, keineswegs gegen ihren Willen. Der hinzukommende Schulmeister Wenzeslaus, der Zeuge von Läuffers Heiratsantrag wird, ist entrüstet über dessen sittenloses Verhalten. Dem Mädchen hält er vor, sie müsse „mit einem Eunuch zufrieden" sein - was Lise freudig bejaht: „Mein Vater hat Enten und Hühner genug, die ich alle Tage füttern muß; wenn ich noch Kinder obenein füttern müßte." Da findet sich auch Wenzeslaus mit der neuen Wendung ab, auch wenn er als dessen ‚geistlicher Vater' von Läuffer enttäuscht ist: „Das müßt ein ganz andrer Mann sein, der aus Absicht und Grundsätzen den Weg einschlüge, um ein Pfeiler unsrer sinkenden Kirche zu werden. Ein ganz andrer Mann!" Läuffer und

Lise eilen nun zu Lises Vater, um sich dessen Einwilligung zur Heirat zu holen.

11. Szene

In Insterburg verstecken sich Gustchen und Jungfer Rehaar in einer Seitenkammer, während Fritz von Berg und Pätus auf den Geheimen Rat treffen. Mit den Worten des biblischen Gleichnisses vom verlorenen Sohn bittet Fritz seinen Vater um Vergebung. Beide versöhnen sich, und als sich zu ihrer Überraschung auch Pätus und Jungfer Rehaar sowie Fritz und Gustchen gegenüberstehen, stimmen auch sie alle in die allgemeine Versöhnung ein.

Letzte Szene

Weitere Versöhnungen finden statt: Pätus' Vater ist bei dem Major erschienen. Er hat in der blinden Bettlerin Marthe seine von ihm früher aus dem Haus gewiesene Mutter wiedergefunden und ihre Verzeihung erlangt. Nun trifft er auch seinen Sohn, der inzwischen durch den Lotteriegewinn als „rechtschaffener Kerl" dasteht, nimmt auch ihn wieder auf und stimmt seiner Heirat mit Jungfer Rehaar zu. Der Major ist beglückt, daß Fritz von Berg Gustchen auch nach ihrem Fehltritt noch heiraten will: „Bist ein Philosoph? Kannst alles vergessen?" Fritz schließlich ist auch bereit, Gustchens Kind zu sich zu nehmen als „trauriges Pfand der Schwachheit deines Geschlechts und der Torheiten des unsrigen: am meisten aber der vorteilhaften Erziehung junger Frauenzimmer durch Hofmeister."

„Die Soldaten“

I. Akt

1. Szene

In Lille im französischen Flandern schreibt Mariane, die Tochter des Galanteriewarenhändlers Wesener, einen Brief an die Mutter des Tuchhändlers Stolzius, der sich um sie bemüht. Dabei hilft ihr ihre Schwester Charlotte. Mariane braucht sie einerseits, da sie um eigene Formulierungen verlegen ist; andererseits weist sie, die selbst gespreizte Wendungen benutzt, die Vereinfachungsvorschläge der Schwester zurück, wobei sie sich auf das Vorbild der Geschäftsbriefe des Vaters beruft. Die Szene endet im Streit, und es wird deutlich, daß die hübschere Mariane offenbar vom Vater bevorzugt wird, worauf die zurückgesetzte Charlotte eifersüchtig ist.

2. Szene

In Armentières sitzt Stolzius mit verbundenem Kopf in der Stube. Seine Mutter erklärt sein Unwohlsein damit, daß ihm „das verzweifelte Mädel im Kopf“ steckt, seit dessen Wegreise er „keine vergnügte Stunde mehr“ habe. Sie zieht nun den eben eingetroffenen Brief Marianes hervor. Stolzius, der eigentlich bestelltes Tuch für das Militär ausmessen müßte, „verschlingt den Brief mit den Augen“ und will ihn selbst beantworten.

3. Szene

In Lille macht der Baron Desportes, einer der Offiziere des in Armentières untergebrachten Regiments, Mariane allerlei schwülstige Komplimente. Sichtlich geschmeichelt durch die Werbung eines Adligen, reagiert sie darauf mit einer Mischung aus Koketterie und nachgeredeten Warnungen ihrer Eltern vor den Nachstellungen der Militärs. Als Vater Wesener selbst hereintritt und seine engbürgerlichen Erziehungsmaximen vertritt, die es ihm geboten erscheinen lassen, seine Töchter von Ballvergnügen fernzuhalten, wechselt Mariane unversehens die Seite: „Ja das läßt sich der Papa nicht ausreden und ich krieg doch so bisweilen so eng um das Herz, daß ich nicht weiß wo ich vor Angst in der Stube bleiben soll.“ Desportes erbittet nun die Erlaubnis, Mariane in die Komödie auszuführen, was Wesener jedoch verwehrt. Während er in seinen Beständen nach einer „Zitternadel“ für Desportes sucht, verabreden

Desportes und Mariane sich auf den Abend bei einer Nachbarin, um trotz des Verbots in die Komödie zu gehen. Die schließlich ausgewählte Zitternadel will Desportes Mariane schenken, der aber Wesener wiederum verbietet, „Präsente von den Herren" anzunehmen. Desportes empfiehlt sich mit dem Versprechen, vor der Abreise seine Käufe zu bezahlen. Nach seinem Weggang macht Mariane ihrem Vater Vorwürfe wegen seiner abweisenden Haltung, die er mit der Sorge um sie als seine „einzige Freude" und mit erneuten Warnungen vor den „jungen Milizen" rechtfertigt.

4. Szene

In Armentières sitzt der Obrist des Regiments, Graf Spannheim, mit weiteren Offizieren und dem Feldprediger Eisenhardt zusammen. Es entspinnt sich ein lebhafter Disput. Während die Offiziere beklagen, daß gerade keine Theatertruppe zum Amüsement in der Stadt ist, hält der Feldprediger dem entgegen, daß durch die schlechten Einflüsse der Komödien „Unordnungen" unter den Offizieren eingeführt und „Unglück und Fluch in die Familien" getragen würden: In der Komödie lernten die Zuschauer, einen „wachsamen Vater zu betriegen oder ein unschuldig Mädchen in Lastern zu unterrichten". Zwei Ansichten prallen schroff aufeinander: Der Offizier Haudy behauptet: „Eine Hure wird immer eine Hure..." Dagegen setzt der Feldprediger die These, „eine Hure wird niemals eine Hure, wenn sie nicht dazu gemacht wird." Bevor der Streit handgreifliche Formen annimmt, greift der Obrist begütigend ein: „Es ist kein Offizier der nicht wissen sollte was die Ehre von ihm fodert." Er verhängt über den hitzköpfigen Haudy Stubenarrest und nimmt den Feldprediger Eisenhardt mit ins Kaffeehaus zum Schachspiel.

5. Szene

In Lille speist die Familie Wesener gerade zu Nacht, als die bisher abwesende Mariane „ganz geputzt" hereintritt. Sie kommt von dem heimlichen Komödienbesuch mit Desportes zurück und platzt in naiver Begeisterung mit ihren neuen Eindrücken heraus: „Ich kann's Ihm nicht verhehlen, ich bin in der Komödie gewesen. Was das für Dings ist." Dabei versteht sie es aber, sich dem zunächst betroffenen Wesener gegenüber wieder sehr schnell in die Rolle des Kindes, dem man verzeihen muß, hineinzuspielen, besonders nach den Beschimpfungen der eifersüchtigen Charlotte. Am Ende schiebt Vater Wesener „Teller und Serviette fort, wirft sich in einen Lehnstuhl und bleibt in tiefen Gedanken sitzen".

6. Szene

Mariane sitzt gedankenverloren auf ihrem Bett und spielt mit der Zitternadel, als ihr Vater hereintritt. Er verweist ihr zwar die Annahme der Nadel und eines weiteren, von ihr ganz beiläufig präsentierten Geschenks, nimmt jedoch ein angeblich von Desportes für Mariane verfaßtes Liebesgedicht beifällig zur Kenntnis. Aus dessen schwülstigem erstem Vers „Du höchster Gegenstand von meinen reinen Trieben“ schließt er, zwischen Mißtrauen und väterlichen Aufstiegsträumen schwankend, auf „honette“ Absichten von Desportes und betrügt sich damit selbst. Seiner Tochter schärft er ein, in Zukunft keine Geschenke mehr anzunehmen. Inzwischen solle sie aber nur weiter mit dem Baron in die Komödie gehen, freilich in Begleitung der Nachbarin und scheinbar hinter seinem Rücken: „Kannst noch einmal gnädige Frau werden närrisches Kind.“ Inzwischen möge sie aber „den Stolzius nicht so gleich abschröcken“. Als ihr Vater sie verlassen hat, schnürt sich Mariane auf. Sie, die sich wieder ganz in die Rolle der folgsamen Tochter zurückgezogen hat, findet sich mit unheilvollen Ahnungen im Zwiespalt: „Stolzius – ich lieb dich ja noch – aber wenn ich nun mein Glück besser machen kann – und Pappa selber mir den Rat gibt.“

II. Akt

1. Szene

In Armentières geht Stolzius mit dem Offizier Haudy spazieren. Aufgestört von dem entstandenen Gerede, versucht Stolzius nähere Einzelheiten über das Verhältnis zwischen Mariane und Desportes zu erfahren. Haudy, der sich Stolzius als „Sein bester Freund“ präsentiert, sucht den Argwohn des besorgten Tuchhändlers mit dem zweifelhaften Argument zu zerstreuen, Desportes sei „ein Spitzbube, der nichts sucht als sich zu amüsieren“.

2. Szene

Im Kaffeehaus, vor dem lärmenden Treiben der Offiziere, die sich im Hintergrund amüsieren, beklagt sich der Feldprediger Eisenhardt gegenüber dem Hauptmann Pirzel über das unwürdige Spiel, das man mit Stolzius treibt: „Der zupft ihn da, der stößt ihn hier, der geht mit ihm spazieren, der nimmt ihn ins Cabriolet, der spielt Billard mit ihm, wie Jagdhunde die Witterung haben.“ Pirzel, der von seinen Kameraden nicht recht ernst genommen wird, reagiert darauf mit versponnenen pseudophilosophischen Betrachtungen. Haudy tritt nun mit großem Lärm herein und rühmt sich des Streichs, den er Stolzius spielt: „Mein Pfiff ist, ihm Zutrauen zu seinem Weibe beizubringen, er muß sie wohl kennen, daß sie keine von den sturmfesten ist." Stolzius kommt dazu und wird von den Offizieren, allen voran Haudy, mit übertriebener Höflichkeit traktiert. Rammler bringt das Gespräch arglistig auf die „Jungfer Wesener aus Lille" und Desportes, worauf Stolzius tief betroffen und „wankend" abgeht. Die Offiziere, übermütig und zugleich enttäuscht über den jäh abgebrochenen Spaß, hecken nun einen groben Streich aus, den sie Rammler und zugleich einem alten Juden in der Stadt spielen wollen.

3. Szene

In Lille hat Mariane einen vorwurfsvollen Brief von Stolzius erhalten, der sie zwar zum Weinen bringt, den sie aber, als Desportes erscheint, gleich kokett als Druckmittel benützt; Stolzius habe immerhin um sie angehalten, und seine, Desportes' Familie, werde ja wohl keiner Verbindung mit einer bürgerlichen Braut zustimmen. Um einen Antwortbrief, den Mariane scheinbar beginnen und den statt dessen Desportes für sie schreiben will, kommt es zu turbulentem Umherlaufen und Geschäker. Mariane sperrt Desportes mit ihrer inzwischen hinzugekommenen altjüngferlichen Freundin ins Zimmer ein, der Jungfer Zipfersaat, in die Desportes angeblich verliebt sein soll: „Jetzt können Sie Ihre Liebesdeklaration machen." Während die Jungfer schließlich das Weite sucht und Desportes Mariane durch die Räume jagt, „kriecht" Weseners alte Mutter durch die Stube und „singt, oder krächzt vielmehr mit ihrer alten rauhen Stimme" das ahnungsvolle, von vagem Unglück erzählende Lied vom „Rösel aus Hennegau".

III. Akt

1. Szene

Vor dem Haus des Juden Aaron in Armentières haben sich Offiziere, teils verkleidet, eingefunden. Während Mary dem angsterfüllten Juden eingeredet hat, man habe einen Räuber zu ihm gelockt, um ihn dann fassen zu können, glaubt Rammler, er könne sich im Dunkeln und unerkannt ein amouröses Abenteuer mit einer angeblich dort wohnenden Geliebten Marys verschaffen. – Während der Szene verwandelt sich der Schauplatz in das Zimmer des Juden, der mit vor Angst klappernden Zähnen im Bett liegt. Rammler schleicht herein, zieht Stiefel und Rock aus und nähert sich dem Bett; da stürzen die übrigen Offiziere lärmend und mit Lichtern herein und fragen Rammler höhnisch, ob er „mit dem Juden Unzucht treiben" wolle. Mit rasendem Gelächter laufen alle davon, und der verängstigte Jude folgt ihnen.

2. Szene

Stolzius sitzt mit verbundenem Kopf in seiner Wohnung. Er hat einen Brief erhalten, in dem über Marianes Untreue berichtet wird. Während ihn seine Mutter schimpfend und weinend drängt, er möge sich nicht mehr an die „Soldatenhure" hängen, hält er Mariane die Treue: „sie ist unschuldig, der Offizier hat ihr den Kopf verrückt." Obwohl er von allen Kräften verlassen erscheint (die Mutter erklärt ihn für einen Narren, will ihn sogar ins Bett stekken und damit bis zur Entmündigung über ihn verfügen), wird in seinen Worten auch ein Unterton kalter Entschlossenheit zur Rache deutlich, der sich in Anklängen an die Sprachwelt des Volkslieds äußert: „wenn ein Vögelein von einem Berge alle Tage ein Körnlein wegtrüge, endlich würde es ihm doch gelingen."

3. Szene

Mariane fühlt sich in Lille bereits als adlige Dame. Als ihre Freundin Jungfer Zipfersaat ins Haus kommt, gibt sie vor, keine Zeit zu haben, da sie in einem Buch lese, und begrüßt die Jungfer in gestelzt-herablassendem Ton. Sie erfährt von der Jungfer jedoch zu ihrem Entsetzen, Desportes habe seinen Abschied genommen und sei unter Zurücklassung beträchtlicher Schulden verschwunden. Sofort flüchtet sich Mariane wieder unter den Schutzmantel des Vaters, der die Lage zu meistern versucht, indem er den „guten Namen" des Barons rettet und für die Schulden aufkommt. Als Wesener mit der Jungfer abgeht, wendet sich Mariane mit Schmeicheleien an die bisher mißachtete Schwester Charlotte – sie möge ihr doch dabei helfen, einen Brief an Stolzius zu schreiben. Die Schwester spart zwar nicht mit schadenfrohen Bemerkungen, schreibt aber dann doch, bis Mariane ihr unvermittelt den Brief wegnimmt und weinend zerreißt: „Soll ich ihm denn vorlügen?" In den Streit der beiden Mädchen hinein kommt der zurückkehrende Wesener. Er verläßt sich auf seine Kontakte zu der Familie von Desportes, der er nun, nach Bezahlung der Schulden, die Kopie des schriftlichen Heiratsversprechens senden will. So soll Desportes zur Erfüllung seiner Versprechungen gezwungen werden: „Aber schlecht ist das auch von Monsieur le Baron, ich will es bei seinem Herrn Vatter schon für ihn kochen, wart du nur."

4. Szene

In Armentières geht der Feldprediger Eisenhardt mit Pirzel spazieren. Die seltsamen philosophischen Betrachtungen Pirzels befremden den Prediger, der beklagt: „O Soldatenstand, furchtbare Ehlosigkeit, was für Karikaturen machst du aus den Menschen." Bedeutsamer als die merkwürdigen Vorstellungen Pirzels scheinen dem Feldprediger allerdings die Folgen der Ehelosigkeit, zu der die Offiziere verpflichtet sind; man könne „keinen Schritt vors Tor tun (...), wo man nicht einen Soldaten mit einem Mädchen karessieren sieht." Beiläufig geht aus dem Gespräch auch hervor, daß Pirzels Offizierskamerad Mary für einige Zeit nach Lille gehen will.

5. Szene

In Lille kommt Stolzius, inzwischen Soldat geworden, blaß und abgezehrt in Marys Wohnung. Mary, der ihn zunächst kaum wiedererkennt, nimmt ihn als Bedienten an und beglückwünscht ihn zum Abschied vom Bürgerdasein: „Was kommt auch heraus bei dem Philisterleben."

6. Szene

Frau Wesener macht Mariane Vorhaltungen über ihren vertraulichen Umgang mit Mary. Mariane rechtfertigt sich damit, daß einzig Mary noch mit Desportes in Verbindung stehe und ihn womöglich wieder herbeischaffen könne. Ähnlich begegnet sie auch Charlottes Vorwurf, sie nehme Marys Geschenke an: „Soll ich ihm denn die Präsente ins Gesicht zurückwerfen?" Mary erscheint zur Ausfahrt mit „Pferd und Cabriolet", die eben noch in die Enge getriebene Mariane „heitert schnell ihr Gesicht auf" und ergeht sich in galanten französischen Wendungen. Vor der Abfahrt – die Mutter muß als Anstandsbegleitung mit – fragt sie Mary nach seinem Bedienten, der sie an jemanden erinnere.

7. Szene

In Philippeville schreibt Desportes an Mariane, wobei er sich selbst sagt: „Ich muß ihr doch das Maul schmieren ein wenig, sonst nimmt das Briefschreiben kein Ende, und mein Vater fängt noch wohl gar einmal einen auf.“ Desportes erhofft sich von Marys Bemühungen um Mariane, daß diese ihn „vielleicht vergißt“. Sie soll ihren Vater besänftigen, der natürlich noch kein Geld zurückerhalten hat; bei günstiger Gelegenheit wolle er, Desportes, seine Familie zum Einverständnis mit der Heirat bringen...

8. Szene

In Lille sorgt sich die Gräfin La Roche um ihren Sohn, den jungen Grafen. Sie hat ihn am Abend mit „Jungfer Wesenern“ beobachtet, deren zweifelhafter Ruf auch schon bis zu ihr gedrungen ist. Der junge Graf versichert, daß er „einen Anteil an dem Schicksal des Mädchens nehme“. Als seine Mutter ihm ankündigt, sie selbst werde sich des Mädchens annehmen, ist er bereit, diese Bekanntschaft aufzugeben und in eine andere Stadt zu reisen – nämlich zu dem standesgemäßen, von der Gräfin für ihn ausersehenen Fräulein Anklam, dessen Verwandte in Lille bei seinem Hierbleiben und bei weiterer Fortsetzung der Bekanntschaft mit Mariane argwöhnisch werden könnten.

9. Szene

Frau Wesener macht Mariane erneut Vorwürfe: Mary, der seit drei Tagen nicht mehr erschienen ist, habe eine andere Liebschaft, wie es heiße. Mariane jedoch weiß Trost: „Sie kann nicht glauben wie kompläsant der Graf gegen mich ist.“ Da meldet ein Bedienter die Gräfin La Roche. Während Frau Wesener sich entfernt, geht die verwirrte Mariane der Gräfin entgegen.

10. Szene

Gräfin La Roche kommt mit Mariane herein, sich ihr als „Ihre beste Freundin“ empfehlend. Sie schildert Mariane eindringlich die Gefahren, die entstehen, wenn man „den Unterscheid (...), der unter den verschiedenen Ständen herrscht“, mißachtet. Marianes „fürtreffliche Gesichtszüge“, das „bezaubernde Wesen“ im Zusammenwirken mit ihrer „Eitelkeit“ haben nach den Worten der Gräfin ihre bedrohliche Lage herbeigeführt: „Sie sind schön, der Himmel hat Sie damit gestraft.“ Die Gräfin weist Mariane einen Ausweg, indem sie ihr anbietet, als Gesellschafterin in ihr Haus zu kommen, dort ein Jahr lang ohne Kontakt zu Männern zu sein, dafür Zeichnen, Tanzen und Singen zu lernen und schließlich eine Aussteuer zu erhalten: „Ihre Ehre hat einen großen Stoß gelitten, das ist der einzige Weg, sie wieder herzustellen.“ Während die Reaktion der halb überrumpelten, halb gerührten Mariane noch ungeklärt bleibt, geht die von Rührung ergriffene Gräfin schnell ab, die in ihrem „wunderlichen Zustand“ nicht Frau Wesener begegnen will.

IV. Akt

1. Szene

Mary bespricht sich mit seinem Bedienten Stolzius. Er erklärt, Mariane heiraten zu wollen, wenn Desportes, der sie immer noch mit Briefen hingehalten hat, sie sitzen ließe. Stolzius verbirgt in diesem Gespräch seine Betroffenheit über Marianes Lage („wie sie manchmal in der Nacht aufspränge, wenn ihr die schwermütigen Gedanken einkämen, und nach einem Messer suchte“, hat sie Mary anvertraut) hinter vorgetäuschter Kälte. Auch die Koketterie, mit der sie Mary gegen Desportes ausspielt, nimmt er scheinbar unbewegt zur Kenntnis. Er soll nun erkunden, wie Mary Mariane zu Gesicht bekommen kann, nachdem sie jetzt im Haus der Gräfin lebt.

2. Szene

Desportes, der wegen seiner Schulden im Militärgefängnis von Armentières sitzt, hat gerade Besuch von Haudy. Dieser erzählt ihm von einem grotesken Streich um den Offizier Gilbert, der sich einer „schönen Cousine“ wegen bei einer „alten krummen schielenden Witwe“ einlogiert hat, und um Rammler, der gleichfalls hinter der Cousine her ist und in unliebsame Situationen gebracht worden ist.

3. Szene

In Lille hält sich die Gräfin La Roche im Garten ihres Hauses auf. Ihr ist aufgefallen, wie zerstreut ihre Gesellschafterin Mariane ist, und sie belauscht nun, wie sich diese mit Mary über die Gartengrenze hinweg bespricht und dabei dessen Verlockungen nur schwer widerstehen kann. Von der Gräfin zur Rede gestellt, versucht es Mariane erst mit Lügen, bittet dann um Verzeihung „nur diesmal“ und geht verzweifelt ab. Der Gräfin bleibt nur die Erkenntnis, wie beeinflußbar Mariane ist: „Mädchen du bist wie das Bäumchen hier im Abendwinde, jeder Hauch verändert dich.“

4. Szene

Desportes hat im Gefängnis einen Brief erhalten, der ihm zu seinem Schrecken Marianes Flucht aus dem Haus der Gräfin mitteilt.

5. Szene

In Lille erfährt Wesener von Marianes Flucht und läuft entsetzt davon, um sie zu suchen.

6. Szene

Stolzius, „ganz bleich und verwildert", und der fluchende Mary brechen auf nach Armentières, um die weggelaufene Mariane zu suchen.

7. Szene

Wesener, der Mariane nicht finden konnte und von der erfolglosen Suche der gräflichen Boten zu berichten hat, kommt entmutigt zurück zu seiner Frau und Charlotte.

8. Szene

In Philippeville erhält Desportes' Jäger einen Brief seines Herrn, der ihn auf die flüchtige Mariane, „ein schönes Stück Wildpret", ansetzt, um sie endgültig zu entehren.

9. Szene

In Armentières ist ein Konzert im Haus der Frau Bischof im Gang, bei der sich – der hübschen Cousine wegen, wie Haudy schon zuvor dem eingesperrten Desportes berichtet hat – Gilbert einquartiert hat. Die ältliche und häßliche Frau Bischof, der man eingeredet hat, Rammler habe sich in sie verliebt, macht diesem zur Belustigung der übrigen anwesenden Offiziere kokette Avancen und erhält eine grobe Abfuhr: „Madame halten Sie das Maul oder ich brech Ihnen Arm und Bein entzwei und werf Sie zum Fenster hinaus." Stolzius kommt hinzu und läßt sich von Mary eine Ermächtigung zum Kauf von Rattengift geben, da angeblich nachts Marys Wäsche angefressen worden ist. Während das Konzert weitergeht, hat der inzwischen freigekommene und mit anwesende Desportes vor Husten „Stiche auf der Brust", zugleich aber auch lästige Gewissensbisse in bezug auf Mariane, die er freilich gleich abwehrt:

„Ihr Bild steht unaufhörlich vor mir – Pfui Teufel! fort mit den Gedanken. Kann ich dafür daß sie so eine wird. Sie hat's ja nicht besser haben wollen."

10. Szene

In Weseners Haus in Lille meldet ein gräflicher Bedienter, daß die Gräfin sich vor Kummer krank zu Bett legen mußte; aus Frau Weseners untertäniger Antwort ergibt sich, daß Wesener, dem die Pfändung seines Besitzes bevorsteht, nach Armentières gereist ist, wo sich Desportes aufhalten soll.

11. Szene

In Armentières geht Stolzius unschlüssig vor einer Apotheke umher. Der entscheidende Schritt, Gift zu kaufen, bringt ihn zum Zittern. Zugleich drückt sich seine Entschlossenheit aber auch in fast biblischen Wendungen aus: „Und müssen denn die zittern, die Unrecht leiden und die allein fröhlich sein, die Unrecht tun!" Darauf betritt er die Apotheke.

V. Akt

1. Szene

Wesener rastet erschöpft auf dem Weg nach Armentières. Er will das Geld sparen, das ihn die Reise mit der Post kosten würde. Sein Geschäft ist nun schon seit zwei Jahren geschlossen, und der Aufwand für Mariane in der Zeit ihres koketten Treibens hat ihn viel Geld gekostet.

2. Szene

Auf einem anderen Weg nach Armentières ist Mariane erschöpft niedergesunken, von Hungerkrämpfen geplagt, an einem Stück Brot nagend, das sie sich offenbar erbettelt hat: „Ich will kriechen, so weit ich komme, und fall ich um, desto besser."

3. Szene

In Marys Wohnung in Armentières sitzen Mary und Desportes beim Essen, während Stolzius sie bedient. Desportes schiebt die Schuld an seinen Schwierigkeiten auf Mariane und rühmt sich höhnisch, daß er sie seinem Jäger ausgeliefert hat. Da geht Stolzius hinaus. Mary, dem Desportes' Verhalten immerhin „malhonett" erscheint, berichtet seinerseits von seiner Verliebtheit in Mariane, bei der ihm nur leider der junge Graf in die Quere gekommen sei. Stolzius erscheint wieder und trägt die Suppe auf. Er stellt sich „totenbleich" hinter Desportes, und der „schlingt die Suppe begierig in sich". Als Desportes sich mit Krämpfen in einen Lehnstuhl wirft, springt Stolzius hinzu, faßt den Sterbenden „an den Ohren und heftet sein Gesicht auf das seinige" und gibt sich zu erkennen; er hat sich selbst zugleich schon vergiftet und stirbt vor den Augen des entsetzten Mary mit den Worten: „Du bist gerochen meine Mariane! Gott kann mich nicht verdammen."

4. Szene

Wesener wird in der Dämmerung von einer „verhüllten Weibsperson" angesprochen, die er zunächst für eine Dirne hält und barsch abweist. Weil er bei ihrem Anblick aber doch an das ungewisse Schicksal Marianes denken muß, gibt er ihr schließlich ein Geldstück als Almosen. Als sie halb ohnmächtig niedersinkt, fragt er sie nach ihrer Herkunft und erkennt in ihr endlich seine gesuchte Tochter. Die Szene endet mit einem Auflauf: Vater und Tochter „wälzen sich halb tot auf der Erde. Eine Menge Leute versammlen sich um sie und tragen sie fort."

5. Szene (Erste Fassung)

In der Wohnung des Obristen Spannheim sprechen der Obrist und die Gräfin La Roche über den aufsehenerregenden Fall von Mord und Selbstmord des Stolzius. Beide sind tief betroffen. Während der Obrist immerhin die Folgen für die ruinierte Familie Wesener mildern will, im übrigen aber fatalistisch von einem „Schicksal des Himmels über bestimmte Personen" spricht, hat die Gräfin eine gesellschaftliche Erklärung: „Das sind die Folgen des ehlosen Standes der Herren Soldaten." Beide zusammen schlagen als Abhilfe vor, der König selbst solle Soldatenweiber besolden, die die geschlechtlichen Bedürfnisse der Offiziere befriedigen und sie dadurch von den Bürgertöchtern ablenken könnten. So wäre der Weg zu „Fried und Wohlfahrt aller" frei...

5. Szene (Zweite Fassung)

In dieser Fassung der Schlußszene macht der Obrist den Vorschlag, Soldatenweiber zu besolden, während sich die Gräfin dazu skeptisch verhält: „Wie wenig kennt ihr Männer doch das Herz und die Wünsche eines Frauenzimmers.“ Unbeeindruckt wünscht sich der Obrist jedoch weiterhin, „daß sich nur einer fände, diese Gedanken bei Hofe durchzutreiben“, und wieder steht sein Harmoniebild von „Fried und Wohlfahrt aller“ am Ende.

Stoffe, Themen und Motive

Die Unterscheidung von Stoff, Thema und Motiv ist grundlegend für die inhaltliche Analyse literarischer Werke. Trotzdem besteht in der Literaturwissenschaft bis heute nur ein vager Konsens über diese elementaren Begriffe und ihre Abgrenzung. Daher muß vorweg geklärt werden, in welchem Sinn sie im folgenden gebraucht werden: *Stoff* meint die vor dem Werk und außerhalb des Werks liegende, in ihm verarbeitete Realität als historisch und geographisch fixierbares Geschehen. *Thema* bedeutet die umfassende Problemstellung, die dem Werk zugrundeliegt und bis hin zu expliziten Thesen und Gegenthesen in ihm enthalten sein kann, so daß ein Standpunkt des Autors indirekt oder direkt greifbar wird. *Motive* sind Handlungselemente als typische, wiederholt auftretende Geschehnisse, Konstellationen, von der historischen Konkretion losgelöste Konflikte, „Formulierung menschlicher Grundsituationen" (Elisabeth Frenzel: Vom Inhalt der Literatur. Freiburg 1980, S. 38).

Stoff

Thema

Motiv

Stoffliche Grundlagen

„Der Hofmeister":

Die Geschehnisse, die dem „Hofmeister" als Stoff zugrundeliegen, sind heute nicht mehr genau rekonstruierbar. Sie fallen in die Zeit vor Lenz' Straßburger Aufenthalt der Jahre 1771-1776. Erst auf die damit beginnende Phase im Leben des Autors hat sich die Aufmerksamkeit der literaturgeschichtlichen Forschung einigermaßen intensiv – und vor allem rechtzeitig – gerichtet.

– Studentenszenen

Immerhin sind einige Zeugnisse vorhanden, die ein Stück weit Aufschluß geben. Auf die Studentenszenen, die im „Hofmeister" einen relativ breiten Raum einnehmen und offensichtlich so etwas wie ein Eigenleben führen, hat man wegen ihrer (angeblich) mangelnden Verbindung mit der übrigen Handlung immer mit einem gewissen Befremden geblickt, zugleich aber die Frische und Originalität dieser Szenen, für sich genommen, anerkannt. Es kann als gesichert gelten, daß Lenz die darin enthaltene scharfe Skizze der studentischen Lebens- und Wohnverhältnisse dem eigenen Erleben während der Zeit seines Studiums in Königsberg nachgebildet hat – so jedenfalls legen es die Erinnerungen des später bekannt gewordenen Musikers Johann Friedrich Reichardt (1752-1814) nahe, der Lenz in dieser Zeit als Mitstudent nahestand.

– Historische Vorbilder der Figuren

Lenz hat weiterhin nicht nur Wesenszüge, sondern in der ursprünglichen handschriftlichen Fassung auch die Namen einzelner Figuren des „Hofmeister" aus seinem Bekanntenkreis genommen. Die Herausgeber Britta Titel und Hellmut Haug zitieren dazu das Zeugnis eines Livländers von 1821. Zugrunde liegt dem „Hofmeister" demnach „eine in Livland vorgefallene skandalöse Begebenheit. Die Personen sind Liv- und Kurländer, von denen ich Pätus und Bollwerk gekannt habe..." (Titel II, 717).

Für die Druckfassung war Lenz offenbar um eine größere Distanz zu den verarbeiteten realen Vorbildern bemüht; daher wechselte er die Namen hier aus, blieb jedoch dabei wieder inkonsequent. Der russische Biograph Rosanow verzeichnet dazu, was ein Propst Schröder 1815 bekundet hat: „Im Vertrauen entdecke ich Ihnen, daß seine nächsten Verwandten es mißbilligten, daß er zum Inhalte seines ‚Hofmeisters' einen traurigen Vorfall in einer der angesehensten Familien Lieflands erwählt und einen vornehmen Gönner so lächerlich darin vorgestellt hat" (Rosanow, 508). Wobei die Pikanterie darin liegt, daß die erwähnte angesehene Familie den Namen von Berg trug!

– Regionaler Bezug

– Familiärer Bezug

Schließlich weist die Herausgeberin Sigrid Damm darauf hin, daß die empörenden Geschehnisse im „Hofmeister" gewissen Vorgängen in Lenz' eigener Familie nahekommen könnten:

„Lenzens Großmutter mütterlicherseits war eine Adlige, ein Fräulein Marie von Rahden, das den bürgerlichen Hofmeister und späteren Pastor Neoknapp heiratete“ (Damm I, 709). Dazu würde passen, daß in der Familie Lenz eine auch für die Wertmaßstäbe, die in einem Pfarrhaus gelten, unverhältnismäßig große Aufregung über den „Hofmeister“ herrschte, die dann eben nicht nur auf die grundsätzliche Gewagtheit des Stücks zurückzuführen wäre.

„Die Soldaten“:

Deutlicher als es beim „Hofmeister“ der Fall ist, sind die Ereignisse der Lebenswirklichkeit rekonstruierbar, die den „Soldaten“ zugrundeliegen und die zugleich verständlich machen, warum das im Winter 1774/75 niedergeschriebene Stück von Lenz erst nach langem Zögern 1776 zum Druck freigegeben wurde: Solange die in das Werk eingegangene (und im folgenden skizzierte) Intrige noch nicht ihr Ende in der Wirklichkeit gefunden hatte, scheute Lenz mögliche Rückwirkungen seiner literarischen Transponierung auf die Wirklichkeit und befürchtete dazu auch noch persönliche Repressalien. Deshalb schob er noch während der Drucklegung das fiktive Pseudonym eines „Steenkerk aus Amsterdam“ vor und leugnete jede Autorschaft ab.

Lenz war seit Mai 1772 in Straßburg als Begleiter (und auch Bedienter, gegen freie Kost und Unterkunft) der beiden kurländischen Barone Friedrich Georg und Ernst Nikolaus von Kleist, die er schon von der Königsberger Studienzeit her kannte und mit denen er sich bis im Herbst 1774 außer in Straßburg in verschiedenen Militärlagern – Fort Louis, Landau vor allem – aufhielt; auch ein dritter Kleist, Christoph Johann, beschäftigte ihn zeitweise. Während dieser kargen und abhängigen Existenz am Rand des Soldatentreibens wurde Lenz als Beobachter und teils auch als Mithandelnder in die Affäre verstrickt, die den Stoff zu den „Soldaten“ bildet.

– Mariane und ihr Vorbild

Friedrich Georg Kleist hatte ein Verhältnis mit Susanna Cleophe Fibich begonnen, einer von zwei Töchtern des angesehenen Straßburger

Goldschmieds und Juweliers Johann Philipp Fibich. Unter wohlwollender Duldung des vermögenden Vaters, der sich aufgrund seiner Stellung in der Stadt wohl Hoffnungen auf eine adlige Partie für seine Tochter machen konnte, gedieh diese Verbindung bis zu einem schriftlichen Eheversprechen, das am 27. Oktober 1773 beim Notar deponiert wurde – worauf Kleist sich, angeblich wegen der Einwilligung seiner Familie, nach Kurland absetzte und nicht wieder auftauchte. Spiegelt sich darin die Handlungsweise Desportes' in den „Soldaten", so sind auch andere Züge des Stücks unverkennbar der Wirklichkeit abgewonnen. Der fatale Automatismus, mit dem sich Mariane im Stück nach dem Verschwinden des ersten Liebhabers weiteren Offizieren zuwendet, ist vorgebildet in den tatsächlichen Bemühungen des jüngeren Kleist um das verlassene Mädchen, dessen eigentümliche, aus Koketterie und untergründiger Verzweiflung gemischte Reaktion auf ihre Lage wiederum in die Figur Marianes eingegangen scheint. Dies weiß man aus einem merkwürdig zwischen Bericht und Dichtung schwankenden „Tagebuch", das Lenz im Herbst 1774, zur Zeit seiner Ablösung von den Kleists, verfaßte und das vor allem auch seine eigene Gefühlsverstrickung darstellt: Nach einem bei ihm zwanghaft sich wiederholenden Verhaltensmuster hatte nämlich auch er, der die Beziehungen zur Familie Fibich nach der Abreise des älteren Kleist aufrechterhielt, sich zeitweise in die verlassene Susanna Cleophe verliebt und wurde von ihr kokett hingehalten. Wobei gerade hier festzuhalten ist, daß Lenz dann in Stolzius, dessen Kontur hier als literarisches Pendant aufzublitzen scheint, eine dramatische Figur von außerordentlicher, weit über den biographischen Anlaß hinausreichender gesellschaftlicher Bedeutung gelungen ist. Das „Tagebuch" jedenfalls ist als ‚Brücke' zwischen realem Geschehen und dramatischem Kunstwerk ein Text von hohem Rang und eigenem Interesse, bei dem in einzelnen Passagen schon Szenen des Stücks „Die Soldaten" in ihrer bezeichnenden Doppelbödigkeit greifbar

– Bezug zum „Tagebuch" (1774)

werden – so etwa die große Szene II,3 an einer Stelle:

– Szene II,3 und ihr Vorbild

> „Sie tanzte, sprang, warf sich ins Kanapee, nahm unvermerkt ihrem Schoßhund einen Floh ab, lief auf mich zu und glitschte ihn mir mit ihrer Hand in meine offene Brust (...). Sie setzte ihren Mutwillen noch ein etwas fort – auf einmal ward sie ehrbar – dann traurig, den Abend als wir Karten spielten bekam sie Engheiten, stand auf, fing an zu weinen –" (Damm II, 299).

Der Vergleich der Dramenszene mit dem offenbar hier vorliegenden verarbeiteten ‚Rohstoff' zeigt freilich auch, in wie hohem Maß sich Lenz innerhalb seines dramaturgischen Konzepts von dem benutzten Vorbild freizumachen versteht. Mit dem durchaus anderen, fast choreographisch verarbeiteten Verlauf der Schäkerszene und auch mit dem Lied der Großmutter treten ganz neue, nicht vorgegebene, sondern offenbar erfundene Elemente hinzu und werden zusammen mit der schon im Vorbild greifbaren Charakterisierung des eigentümlich zwischen Koketterie und Verzweiflung schwankenden Mädchens in einen in sich stimmigen dramatischen Kontext eingeschmolzen.

Thematische Schwerpunkte

Gesellschaftskritische Thematik

Sowohl „Die Soldaten" als auch „Der Hofmeister" sind wesentlich gesellschaftskritische Stükke: Weder Läuffer noch Mariane sind ausschließlich als Person verantwortlich für das Unglück, das sie trifft, sondern sie sind vor allem Opfer allgemeiner gesellschaftlicher Mißstände. Damit stehen die beiden Stücke in einer zentralen Tradition des Sturm und Drang, der sich insgesamt durch einen scharfen Blick für die sozialen Konflikte und Verwerfungen des späten 18. Jahrhunderts auszeichnet: Man denke nur an das Problem des Kindesmords in Goethes „Faust" und Wagners „Kindermörderin", an die ebenso sozial wie national akzentuierte Freiheitsthematik in Goethes „Egmont“ oder an die Zurückweisung adliger Vorrechte in seinem „Werther“.

Darüber hinaus geben sich beide Stücke sogar ausgesprochen als theatralische Einkleidung einer jeweils in der Handlung selbst genannten und durchdiskutierten These. Allerdings bleibt die Ernsthaftigkeit, die man dem Autor Lenz in der Verfechtung dieser jeweiligen These unterstellen kann, aufgrund uneinheitlicher Selbstäußerungen, aber auch aufgrund einer spürbaren Relativierung im Stück selbst durchaus fraglich; und dies schon im „Hofmeister“, noch deutlicher aber in den „Soldaten“.

Thesenhaftigkeit und ihre Relativierung

„Der Hofmeister“:

Im „Hofmeister“ nennt schon der Dramentitel die Zentralfigur Läuffer (vgl. S. 51f.) nicht beim Namen, sondern bei seiner sozialen Stellung, und im Verlauf der Handlung wird für den Namen ‚Läuffer‘, der als ‚sprechender Name‘ für einen Gehetzten ohnehin schon typisierende und weniger individualisierende Funktion hat, auch noch der wiederum ‚sprechende Name‘ „Mandel“, Männchen, eingetauscht. Der alternative Dramentitel „Vorteile der Privaterziehung“ läßt dann in ironischer Verkehrung gleich die zentrale These aufblitzen, wonach die Erziehung der Kinder des Adels durch Hofmeister, also Privaterzieher, von Übel ist und durch den Besuch öffentlicher Schulen ersetzt werden sollte.

– Erziehungsthematik

Lenz greift mit dieser These ein drängendes gesellschaftliches Problem des späten 18. Jahrhunderts auf, das auch von anderen Schriftstellern diskutiert wurde. Es ist das Problem des studierten jungen Intellektuellen, der keine gesellschaftliche Perspektive hat und so der vollen Repression in der zerfallenden Adelsgesellschaft des Ancien régime ausgesetzt ist. Was zu diesem Problem etwa Gottlieb Wilhelm Rabener in der ernsthaften Einleitung zum 1765 erschienenen Dritten Teil seiner „Satiren“ schreibt, paßt randscharf auf die Verhältnisse in Lenz' Stück:

> „Ein Vater, welcher niemals gewohnt ist, vernünftig zu denken, ist auch nicht im Stande,

> sich vernünftige Vorstellungen von der Verbindlichkeit zu machen, die er einem Manne schuldig ist, der das schwere Amt der Erziehung mit ihm theilet. (...) Er wird ihm nicht mehr Achtung erweisen, als er einem seiner Bedienten erweist; und kann er alsdann wohl verlangen, daß seine Kinder diesen ihren Hofmeister mehr ehren sollen? (...) Und, damit der Hofmeister sein Geld ja nicht mit Müßiggehen verdiene, so sind viele so sinnreich, daß sie von ihm alle Wissenschaften, und über die Wissenschaften alle möglichen Hausdienste fordern, und es gerne sähen, wenn er Hofmeister, und Perukenmacher, und Hausvogt, und Kornschreiber zugleich wäre." (S. 10f.)

– Rabeners Kritik an der Erziehung durch Hofmeister

– Kritische Sicht der Hofmeister-Existenz im Stück

Im „Hofmeister" spiegeln sich die hier angedeuteten Mißstände überall in der Handlung, so etwa in der herablassenden Behandlung Läuffers und in seiner sich steigernden Überhäufung mit teils demütigenden Aufgaben, in der fortschreitenden Kürzung seines Lohns, schließlich in den sich daraus ergebenden unheilvollen Kurzschlußreaktionen. Daneben wird das Problem der Hofmeisterexistenz ausführlich diskutiert, so besonders in Szene II, 1, in der der Geheime Rat die Bitte des Pastors um Unterstützung mit seiner grundsätzlichen Ablehnung der Privaterziehung beantwortet. Und die ans Märchenhafte grenzende Versöhnungsszene am Ende des Stücks entläßt den Zuschauer, nachdem Fritz von Berg Gustchen samt Kind zu sich nimmt, mit dem Vorsatz: „Wenigstens, mein süßer Junge! werd ich dich nie durch Hofmeister erziehen lassen." Eine Rücklenkung auf die Zentralthese des Stücks, die vielen Interpreten – wie das gesamte Happy End – so plump erscheint, daß man sich gefragt hat, wie ernst dieses Anliegen dem Dramatiker wohl war. Es gibt mehrere Selbstzeugnisse von Lenz, die dazu Aussagen machen – und zwar überraschend widersprüchliche!

– Lenz' Ablehnung des Hofmeisterstandes

Im Jahr 1775 ließ Lenz in die „Frankfurter Gelehrten Anzeigen" eine „Erklärung" einrücken, in der er sich gegen lautgewordene Vermutungen wehrt, er lebe als Hofmeister in Straßburg. Daß er den Hofmeisterstand kritisch sah, läßt sich aus dem Kernsatz entnehmen:

> „Auf der Akademie in Königsberg nahm ich einen Antrag von der Art auf ein halbes Jahr an; weil meine Überzeugung aber oder mein Vorurteil wider diesen Stand immer lebhafter wurde, zog ich mich wieder in meine arme Freiheit zurück und bin nachher nie wieder Hofmeister gewesen“ (Ges. Schr., Hg. Lewy IV, 370).

Vermutlich im selben Jahr verfaßte Lenz „Briefe über die Moralität der Leiden des jungen Werthers“, in denen er sich mit dem Problem einer außerkünstlerischen Tendenz literarischer Werke auseinandersetzt und beiläufig auf den „Hofmeister“ anspielt:

– Lenz' Relativierung der Erziehungsthese

> „Man hat mir allerlei moralische Endzwecke und philosophische Sätze bei einigen meiner Komödien angedichtet, man hat sich den Kopf zerbrochen, ob ich wirklich den Hofmeisterstand für so gefährlich in der Republik halte, man hat nicht bedacht, daß ich nur ein bedingtes Gemälde geben wollte von Sachen wie sie da sind und die Philosophie des geheimen Rats nur in seiner Individualität ihren Grund hatte“ (Damm II, 675).

Diese zweite Äußerung liest sich fast als Rücknahme der in das Werk eingearbeiteten Tendenz, und sie steht im Einklang mit der auch im Stück selbst erkennbaren Relativierung der Figur des Geheimen Rats. Dieser erscheint keineswegs als unangefochtene Autorität, sondern ist durch den ständigen Zwiespalt zwischen seinen aufgeklärten Erziehungsthesen und der faktisch verständnislosen Behandlung seines Sohnes Fritz über lange Strecken der Handlung geprägt.
Die Gewichte scheinen also doch eher so verteilt zu sein, daß nicht das Werk im Dienst der gesellschaftskritischen These von der Mißlichkeit der Hofmeistererziehung steht, sondern daß die These im Werk nur eine gewisse Rolle spielt; daß sie vor allem zusammen mit ihrem Verkünder und ebenso wie andere Wahrheitsmodelle – das des schrulligen Dorfschulmeisters Wenzeslaus etwa – der komischen Deformation unterworfen wird.

„Die Soldaten“:

Noch greifbarer wird das problematische Spannungsverhältnis von Kunstwerk und außerkünstlerischer Tendenz in den „Soldaten". Auch hier ist dem Werk wieder eine gesellschaftskritische These eingearbeitet. Es geht um die Verpflichtung der Offiziere zur Ehelosigkeit, die nach Lenz' Überzeugung dazu führt, daß in Garnisonsstädten die Bürgermädchen der erotischen Gier der Offiziere ausgesetzt und ins Unglück gestürzt werden.

– Ehelosigkeit der Offiziere und ihre Folgen

Wie im „Hofmeister" gibt es einen expliziten szenischen Disput über das zugrundeliegende soziale Problem, hier verteilt auf drei Szenen (I,4 - III,4 - V,5). Gleich in der ersten dieser Szenen prallen zwei konträre Ansichten aufeinander. Die eine bringt der grobe Major Haudy vor: „Eine Hure wird immer eine Hure, gerate sie unter welche Hände sie will...". Dagegen setzt der Feldprediger Eisenhardt seine Überzeugung: „...eine Hure wird niemals eine Hure, wenn sie nicht dazu gemacht wird." Im Hin- und Herspringen zwischen Bürger- und Offizierswelt erprobt nun das Stück die Gültigkeit der geäußerten Auffassungen, wobei nur vordergründig alles für die kritische Sicht des Feldpredigers spricht. Mit der Labilität, Koketterie und Raffinesse des Bürgermädchens Mariane, das als exemplarische Figur dient, sind nämlich durchaus spürbare Gegengewichte gesetzt.

– Sozialutopie des Schlusses und ihre Relativierung

Wie im „Hofmeister" ist der Schluß des Stücks gezeichnet von der Schwierigkeit, die theatralische Handlungswelt und die gleichsam aus dem Werk herausragende sozialkritische Tendenz zur Deckung zu bringen. An die Stelle der märchenhaften, aber rein privaten Versöhnungswelle im „Hofmeister" tritt hier eine harmonistische Gesellschaftsutopie. Und die wird ausgerechnet herbeigeführt durch den abstrusen Vorschlag, der König möge „Soldatenweiber" besolden und dadurch die Offiziere von den Bürgermädchen ablenken!

Interessant ist, daß Lenz diesem Schluß in einer zweiten Fassung, mit der er noch rechtzeitig vor Drucklegung auf Johann Gottfried Herders Kritik reagierte, viel von seiner Autorität genommen hat. Macht in der ursprünglichen Fassung die

Gräfin als deutlich positive Figur des Stücks den genannten seltsamen Vorschlag, so tut das in der späteren Fassung der Obrist des Regiments, der schon zu Beginn die erotischen Eskapaden seiner Offiziere bagatellisiert hat. Die Gräfin aber verhält sich dazu jetzt skeptisch: „Wie wenig kennt ihr Männer doch das Herz und die Wünsche eines Frauenzimmers." Noch deutlicher als im „Hofmeister" ist Lenz' Bemühen zu erkennen, die außerkünstlerische Tendenz des Stücks so in ironischer Brechung zu zeigen, daß sie nicht mehr recht ernstzunehmen ist: Sie nimmt nicht das Stück in ihren Dienst, sondern sie steht im Dienst des Stücks.

– „Über die Soldatenehen" als weitergehender Reformvorschlag

Es ist in der älteren Lenz-Forschung üblich gewesen, den Dichter Lenz mit seinen genialen Ansätzen scharf zu trennen von dem ‚selbsternannten Gesellschaftsreformator' Lenz, dessen Anliegen durchweg nicht ernstzunehmen seien. Damit verfiel auch eine lange Zeit ungedruckte Schrift der Mißachtung, mit der sich Lenz einige Zeit nach dem Erscheinen der „Soldaten" an gekrönte Häupter wenden wollte und die den Problemkreis des Stücks berührt: „Über die Soldatenehen" (1913 publiziert). Lenz knüpft hier zwar an die Probleme an, die er in den „Soldaten" drastisch dargestellt hatte, und verweist auch an einer Stelle auf das „Gemählde, das neulich von einem gewissen Holländer Steenkerk" (McInnes, 152) verfertigt worden sei, auf sein eigenes pseudonym erschienenes Stück also. Zugleich geht er aber in dieser reformistisch gemeinten, von einem veränderten Standpunkt aus konzipierten und aus heutigem historischem Überblick durchaus zukunftsweisenden Schrift deutlich über die Darstellungswelt der „Soldaten" hinaus. Während dort die Mißstände nur gezeigt werden und Abhilfe lediglich in Form des abstrusen Vorschlags der „Pflanzschulen für Soldatenweiber" in den Blick rückt, propagiert Lenz nun nichts anderes als die Umformung der damals üblichen Söldnerarmeen in Volksheere zum Schutz des jeweiligen Vaterlandes. Er plädiert also für eben die neue Militärkonzeption, die später durch die

Französische Revolution verwirklicht wurde und die deren militärische Erfolge begründet hat!

Zentrale Motive

Zentrales Motiv der Freiheit

„O Freiheit, güldene Freiheit!" – In diesen hymnischen Ausruf bricht der entlaufene Hofmeister Läuffer zu Beginn der Szene III,4 in der Schule des Dorfschulmeisters Wenzeslaus aus, nachdem er den Beengungen und Einschnürungen seines vormaligen Daseins bei der Majorsfamilie von Berg entflohen ist. Der Kontext entlarvt sein Befreiungsgefühl jedoch noch in derselben Szene als Illusion. Läuffer ist, so stellt sich heraus, nur aus der einen Knechtschaft in die andere geraten, aus der des junkerhaften Dünkels in die einer Bescheidungs- und Entsagungsideologie, der Läuffer in den Worten des Schulmeisters am Ende dieser Szene unterworfen wird: „Ich will Euch nach meiner Hand ziehen, daß Ihr Euch selber nicht mehr wieder kennen sollt."

Dialektik von Freiheit und Determination

Damit blitzt in den Widersprüchen dieser Szene etwas auf, was die gesamte dichterische Welt von Lenz zutiefst prägt: Freiheit als sehnsüchtig erstrebter Fluchtpunkt, Determination als handgreifliche Erfahrung. Freiheit als geschaute oder dunkel erahnte Idee, Determination als Konsequenz der realen „Verhältnisse". Es gehört zu den Gesetzen von Lenz' dramatischer Welt, daß die Verwirklichung von Freiheit nicht nur an der Unerhörtheit der Idee selbst scheitert, sondern schon viele Stufen tiefer an der Schwäche der Figuren. Daß Läuffer unmenschlich erniedrigt wird, liegt nicht nur an den unzureichenden sozialen Bedingungen, sondern eben auch ganz entscheidend daran, daß er sich so erniedrigen *läßt*, daß er immer zum Weg des geringsten Widerstandes tendiert und damit seinen Ausbeutern in die Hände spielt. Daß Mariane in den „Soldaten" bis zum Status einer Dirne absinkt, liegt nicht nur an der Ehelosigkeit der Herren Offiziere, sondern ebenso in ihrem eigenen Leichtsinn und ihrer Verführbarkeit begründet.

Freiheit und Determination werden damit im „Hofmeister" und in den „Soldaten" in einen eigenartigen Wechselbezug gebracht, der so bei keinem anderen Autor des späten 18. Jahrhunderts in der spezifischen Dynamik aus endender Aufklärung und aufbegehrendem Sturm und Drang vorliegt.

Freiheit als Leitbild der Aufklärung

Für die Aufklärung ist das Streben nach Freiheit ein durchgehendes Grundmotiv, konkretisiert als Befreiung von vorgegebenen Autoritäten auf philosophischem, theologischem und ästhetischem Gebiet, als Emanzipation in religiöser, politischer und speziell ständischer Hinsicht, als Kampf gegen Bevormundung. Vernünftige Prüfung statt unkritischer Übernahme, Toleranz statt Dogmatismus, verallgemeinerungsfähiges Urteil statt ungeprüfter Vorurteile sind angesagt. Liegt hierin schon ein Bestreben, das Individuum aus seiner Einbindung in die vielen Vorgegebenheiten seiner Existenz zu befreien, sein Ausgeliefertsein an Vor-Urteile durch das Vertrauen auf das eigene Urteil zu ersetzen, so findet dieses Bestreben andererseits wieder dort seine Grenze, wo an die Stelle der abgelösten Leitbilder, Autoritäten, Traditionen die wiederum überindividuelle Vernunft als Richtschnur tritt.

Freiheitskult des Sturm und Drang

Erst im Geniekult des Sturm und Drang, der bei all seinem Hohn für aufklärerische Pedanterie ja selbst in gewisser Weise als die radikale Spätphase der Aufklärung anzusehen ist, geht auch diese Rechnung nicht mehr auf, erhebt sich das Individuum als seine eigene Kraftquelle gegen die Ordnungen der Vernunft.

Während nun die großen Kraftgestalten der Sturm-und-Drang-Literatur – Faust, Götz, Prometheus – diesem Konflikt mit den vorgegebenen Ordnungen noch in seiner tragischen Zuspitzung standhalten, stellt Lenz seine Dramenfiguren in andere Zusammenhänge, fernab vom Klischee der Sturm-und-Drang-Existenz. Er gibt ihnen wohl das Bedürfnis nach Freiheit mit, das sie mit den umgebenden Ordnungen in Konflikt bringt. Er versagt ihnen aber die Kraft, diesen Konflikt auch durchzustehen. Damit spielen sie eher die Rolle bizarrer Quergänger als die ernsthafter Rebellen, verweisen zwar als Opfer einer Welt der Beengung und des sozialen Drucks immer noch auf Mißstände und Mißverhältnisse, können aber die Rolle echter Gegenspieler nicht ausfüllen und fallen damit aus der Dimension des Tragischen heraus in die des Tragikomischen.

Freiheit und Determination bei Lenz

Diese für Lenz bezeichnende ironische Abtönung der großen Motive von Freiheit und Determination, die seinen Werken eine ganz eigene Wendung gibt und sie deutlich vom emanzipatorischen Ernst Lessings in seinen bürgerlichen Trauerspielen oder von dem kraftvollen Ton des jungen Goethe in seinen Dramen („Götz von Berlichingen") und Dramenentwürfen unterscheidet, entspringt sehr persönlicher Erfahrung und klingt schon in Lenz' Schrift „Über die Natur unsers Geistes" aus der Zeit um 1772 an:

> „Jemehr ich in mir forsche und über mich nachdenke, destomehr finde ich Gründe zu zweifeln, ob ich auch wirklich ein selbstständiges von niemand abhangendes Wesen sei, wie ich doch den brennenden Wunsch in mir fühle" (Damm II, 619).

Lenz' Menschenbild

Die Stelle ist charakteristisch für Lenz' Menschenbild, in dem der frei handelnde Mensch ein ersehntes, aber unerreichbares Idealbild bleibt, während das Bild von der Maschine, dem mechanisch sich drehenden Rad für den getriebenen und determinierten Menschen leitmotivisch seine Schriften durchzieht. Neuere Forschungen sehen gerade hier Lenz' aufregende Modernität begründet:

Unbewältigte Emanzipation als biographischer Hintergrund

> „Sein großes – modernes! – Thema ist der Widerspruch zwischen beanspruchter persönlicher Autonomie und tatsächlicher Determiniertheit des Menschen durch Verhältnisse, die ihrerseits keinem vernünftigen und durchschaubaren Prinzip folgen: materielle, persönliche, psychische Abhängigkeiten, banale Umstände, läppische Zufälle" (Martin Rector: Götterblick und menschlicher Standpunkt (...) In: Jahrbuch der Deutschen Schillergesellschaft 1989, 206).

Der letzte Hintergrund solcher Vorstellungen ist Lenz' eigene Lebensgeschichte, deren zentrales Ereignis die Flucht aus der gemäß väterlichem Gebot absolvierten theologischen Ausbildung in Königsberg und der Entschluß zu einer unsicheren Dichterexistenz im Elsaß ist. Kern der daraus resultierenden eigentümlichen Lebensproblematik ist Lenz' unbewältigte dreifache Emanzipation - die des bürgerlichen Intellektuellen, der in einer noch von adligen Vorrängen geprägten Welt auf der Suche nach einem eigenen Ort scheitert; die des Sohns, der sich der Verfügung seines Vaters, einer machtvollen Persönlichkeit mit allen Zügen der Selbstgerechtigkeit und Unerbittlichkeit, entzieht und doch nicht von ihm freikommt; die des studierten Theologen, der den vorgezeichneten geistlichen Beruf umgeht und davon zeitlebens traumatisiert bleibt.

Sozialer Aspekt:

Was oben als Widerspiel von Freiheit und Determination sichtbar wurde, prägt das Motivgeflecht im „Hofmeister" und in den „Soldaten" in vielfältiger Form und läßt sich – entsprechend der Erfahrungswelt des Autors – unter sozialem, familiärem und religiösem Aspekt verfolgen.

Im „Hofmeister" wie in den „Soldaten" werden jeweils zwei soziale Gruppen auf die Bühne gebracht: Adlige und Bürger. Die Dynamik der Handlung aber wird jedesmal durch Figuren entfesselt, die zwischen diese Fronten geraten (Läuffer) oder gar die Front wechseln wollen (Mariane). Schließlich gibt es noch Figuren, die zwar nach Herkunft auf eine der beiden Seiten gehören, die sich aber in ihren Standpunkten über die entsprechenden Ansichten erheben und so gewissermaßen zu außenstehenden Betrachtern werden, die das Geschehen verfolgen und als Wortführer auf der ‚theoretischen Ebene' erklären.

– Adel

Auf die Seite des Adels gehören im „Hofmeister" die Familie des Majors von Berg sowie einige stark karikaturenhafte Randfiguren wie Graf Wermuth, in den „Soldaten" die auf einer Skala zwischen relativer Gutwilligkeit (Mary) und tiefer Verderbtheit (Desportes) oder Primitivität

(Haudy) eingeordneten Offiziere, ferner die Gräfin La Roche und ihr Sohn. Ihnen allen ist gemeinsam, daß sie über die Figuren der bürgerlichen Sphäre verfügen, sei es berechnend oder naiv-selbstverständlich, sei es mit gewalttätigen und infamen oder eher mit subtilen Mitteln. Lenz' Bild dieser sozialen Schicht ist bemerkenswert differenziert. Mit dem Geheimen Rat im „Hofmeister" und der Gräfin La Roche in den „Soldaten" bringt gerade diese sonst so kritisch gesehene Adelsschicht zwei der deutenden und in diesem Sinn maßstabsetzenden Figuren hervor; im Fall des Geheimen Rats sogar die einzige derartige Figur des Stücks!

– Bürgertum

Was die Rolle der bürgerlichen Figuren betrifft, so geht Lenz in den „Soldaten" andere Wege als im „Hofmeister". Er bringt in den „Soldaten" mit dem Galanteriewarenhändler Wesener und dem Tuchhändler Stolzius zwei Kaufleute (und in diesem Sinn typische Repräsentanten des Bürgerstandes) auf die Bühne. Beide werden vom dramatischen Geschehen als Opfer fortgerissen: Wesener, dessen Versuch eines Gegenspiels dem Verführer Desportes nichts anhaben kann; Stolzius, der nur in der katastrophalen Verzweiflungstat von Mord und Selbstmord der Rolle des ohnmächtigen Zuschauers entkommt. Anders im „Hofmeister"! Hier gehören nur Randfiguren wie etwa der alte Pätus zur Kernzone des wirtschaftlich gesicherten Bürgerstands; die Titelfigur Läuffer selbst, der alte Pastor Läuffer und der Dorfschulmeister Wenzeslaus vertreten dagegen die Randschicht der Intellektuellen bürgerlicher Herkunft, deren gesellschaftlicher Ort zwischen allen Stühlen ist, die im einen Fall durch Servilität und Anpassungsbereitschaft, im anderen Fall durch Pedanterie und betont kleinbürgerliche Bescheidungsmentalität charakterisiert sind.

– Verwischung der sozialen Fronten

Lenz' Stücke stellen also das Kräftespiel von Freiheitsverlangen und Determinationsdruck an Konfliktfällen zwischen Adligen und Bürgerlichen dar, aber nicht etwa so, daß die Fronten eindeutig gezogen wären und die Bürgerlichen ihre Freiheit gegen adlige Verfügung durchsetzen könnten! Vielmehr werden Adlige auch zu Trägern fortschrittlicher Ideen, und Bürgerliche tragen die Bereitschaft zum Kleinbeigeben in sich. Triebfeder des Geschehens werden da eher die Zwangslagen, in die die Grenzgänger unter den dramatischen Handlungsträgern geraten: Läuffer, der einen untergründigen, ihm selbst nur halbbewußten Kampf um Anerkennung in der Majorsfamilie führt; Mariane, die halb naiv, halb berechnend auf ein Dasein als „gnädige Frau" hinauswill.

Familiärer Aspekt:

Nicht weniger bedeutsam als das eben skizzierte soziale ist das familiäre Kraftfeld. Sowohl der „Hofmeister" als auch die „Soldaten" enthalten einprägsame, suggestiv stimmige Bilder familiärer Beziehungsgefüge. Sie sind ausgerichtet nach dem Prinzip patriarchalischer Machtverhältnisse. Mit einer Meisterschaft, die modernen psychologischen Einsichten in nichts nachsteht, ist etwa das Beziehungsgefüge der Familien von Berg („Hofmeister"; vgl. S. 51ff.) und Wesener („Soldaten"; vgl. S. 56ff.) konzipiert, wo jeweils der übermächtige Vater mit blinder Liebe an der einen Tochter hängt und dadurch den Sohn bzw. die andere Tochter ins Abseits drängt: Familienpsychogramme von hoher Wahrhaftigkeit.

– Patriarchalismus

– Generationenkonflikt

In beiden Stücken stehen die Familien ganz und gar im Zeichen des Konflikts zwischen der Vatergeneration und der nachwachsenden Generation der Söhne und Töchter. Das ist ein Konflikt, der nicht nur für Lenz selbst beherrschende Lebenswirklichkeit und geheimes Leitmotiv aller seiner Dramen war, sondern der auch für die aufbegehrende Generation der Autoren des Sturm und Drang insgesamt zentral wurde. Albrecht Schöne hat in seiner grundlegenden Studie auf die überraschend hohe Zahl von Variationen hingewiesen, die dieser Konflikt im „Hofmeister" erfährt. Schöne führt ihn auf die „exemplarische Begebenheit" des biblischen Gleichnisses vom verlorenen Sohn zurück: Zerwürfnis des Sohnes (der Tochter) mit dem Vater und räumliche Entfernung von ihm bis zur Wiederkehr und Versöhnung:

„Der Vorgang des Wiederfindens von Vater und Sohn, die Herstellung zuvor nicht vorhandener oder gelöster Vaterschafts-Beziehungen (...), immer mehr oder minder deutlich als Rückkehr und Versöhnungsvorgang modelliert, erscheint bei Major / Fritz, Rehaar / Pätus, Geh.Rat / Gustchen, Major / Kind, Fritz / Kind, Läuffer / Kind. Vollkommen durchkonstruierte Exempla des Modells finden sich beim alten Pätus/Marthe, Pätus / alter Pätus, Major / Gustchen, Geh.Rat / Fritz. (...) So treten unter dem Modellzwang des Bibelgleichnisses die Personen des Stückes in die Vater-Sohn-Konstellationen, welche das nebenstehende, nach Generationen geordnete Figurenschema erfaßt" (Schöne 1958, 116f.).

– Variation des Gleichnisses vom verlorenen Sohn

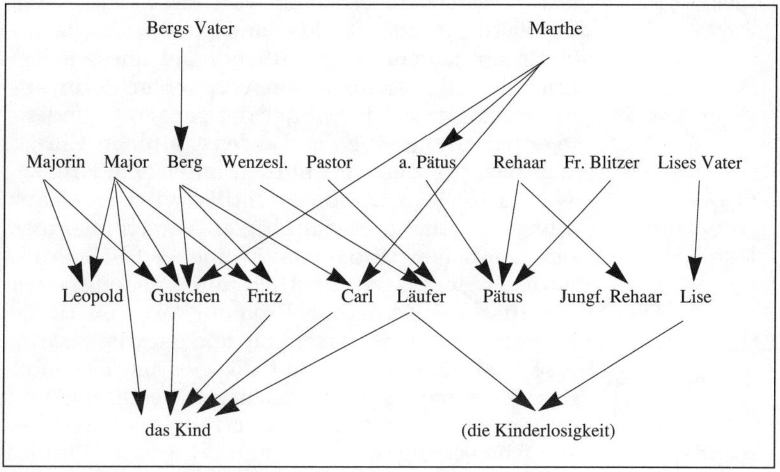

Schöne weist in seiner Studie nach, daß von diesem beherrschenden Organisationsprinzip des Dramas her die oft getadelten scheinbaren Willkürlichkeiten und bizarren Wendungen plötzlich innere Logik gewinnen. Selbst das nicht nur von den Zeitgenossen als empörend empfundene Motiv der Selbstkastration gewinnt hier einen überraschenden Sinn:

– Funktion des Motivs der Selbstkastration

„Denn der Entmannte wird keinen Sohn mehr haben, er allein. Die Ursituation, die sich durchsetzt und fortwirkt, solange das Leben sich fortpflanzt, wird aufgehoben - und kann nur aufgehoben werden durch diesen Schritt. Insonderheit an Äußerungen des Wenzeslaus (...) wird erkennbar, wie die christliche Lehre einer an die menschliche Fortpflanzung gebundenen Erbsünde hier hineinspielt" (Schöne 1958, 115f.).

Religiöser Aspekt:

Wie im „Hofmeister" wird auch in den „Soldaten" der familiäre Aspekt so gestaltet, daß durchgehend ein religiöser letzter Bezugspunkt dahinter sichtbar wird. Hinter der Auflehnung gegen den Vater wird die Auflehnung gegen den Vatergott im Sinn der christlichen Heilslehre sichtbar. Erkennbar ist dies nicht zuletzt in den ständigen religiösen Aufladungen der Sprache, etwa in der Erwähnung von Brot und Wein durch die erschöpfte Mariane (V, 2), die gleichzeitig an das christliche Abendmahl und wiederum an das Gleichnis vom verlorenen Sohn anklingt; zugleich wird hinter der ganzen Grundanlage der Szene eine der Leidensstationen Christi sichtbar, der Zusammenbruch unter dem Kreuz.

– Religiöse Aufladung der Sprache

Was an diesem Beispiel sichtbar wird, gilt ganz allgemein für die vielfältigen Verschlingungen der Lenzschen Motive von Freiheit und Determination. Sie tragen deutlich die Färbung einer spezifischen Form der Frömmigkeit, die durch bohrende Seelenerforschung und Gewissensanalyse bestimmt ist. Sie hat die geistige Herkunft des Pfarrersohns Lenz machtvoll bestimmt, und sie hängt zusammen mit der religiösen Erneuerungsbewegung des Pietismus, die von Philipp Jacob Spener (1635-1705) ausging und im 18. Jahrhundert zu großer geistesgeschichtlicher Wirkung kam, nämlich als eine irrationalistische, auf die Kräfte des Gemüts und der Selbsterforschung setzende Gegenströmung zum herrschenden Vernunftdenken. Seinen religiösen Höhepunkt erreichte der Pietismus mit der Bildung der Herrnhuter Brüdergemeine durch den Grafen Zinzendorf (1700-1760); literarisch beeinflußte er Predigt und Kirchenlied und führte zur Pflege verinnerlicht autobiographischer Schriften (aus Lenz' Umkreis: J. H. Jung-Stillings Lebensgeschichte, 1777-1817).

– Leidensstationen als Modell

– Einfluß des Pietismus

Figuren: Gestaltung und Konstellation

Die Untersuchung der zentralen Motive, die das Geschehen in den beiden Dramen bestimmen, hat gezeigt, daß das Freiheitsstreben der Hauptfiguren in vielfältiger Weise in Frage gestellt wird, während der determinierende Druck ihrer Umwelt übermächtige Formen annimmt. Dieser Sachverhalt prägt auch die auftretenden Figuren.

Allgemeine Tendenzen

Bedrängtheit der Figuren

Lenz' Dramenfiguren stehen einer Umgebung gegenüber, die mit unabweisbaren Ansprüchen und Zwängen auf sie einwirkt und sie in eine Bahn drängt, deren Verlauf sie nicht sinnvoll bestimmen, ja nicht einmal voll durchschauen können. Läuffers anfänglich in der Majorsfamilie noch vorhandener Spielraum wird im Verlauf seines Hofmeisterdaseins immer weiter eingeschnürt; dagegen vermag er sich nicht mit überlegten Maßnahmen zu wehren, sondern nur durch unvorhersehbare bizarre Reaktionen wie etwa Gustchens Verführung. Stolzius' Versuche, auf die Welt der Soldaten einzuwirken, die seine Mariane in den Abgrund stürzt, beschränken sich bis zur katastrophalen Verzweiflungstat auf leidende Zeugenschaft. Die ‚Helden' der Lenzschen Dramen werden beherrscht von dunklen Triebkräften (sexuelle Bedürfnisse) und unklaren Tendenzen (Drang nach Anerkennung, nach sozialem Aufstieg). Selbst wo sie einmal zum Denken kommen, da führt gerade ihre Reflexion in die Irre und nicht etwa zu verläßlicher praktischer Weltorientierung. So ist es beim Schulmeister Wenzeslaus mit seiner lebensfeindlichen Pedanterie,

Eingeschränkte Reflexionsfähigkeit

beim Geheimen Rat, dessen faktisches Versagen als Vater seine schönen Erziehungsprinzipien in ironisches Licht setzt, oder auch bei dem chaotischen Pseudophilosophen Pirzel mit seinen merkwürdigen Anschauungen.

Gestik

Dem Bedrängtsein der Figuren durch irrationale Ahnungen entspricht als Darstellungsmittel die entscheidende Rolle der Gestik. Wenn der Mensch von Mächten getrieben wird, die sich seinem Überblick entziehen, kann er sich sprachlich nicht mehr zureichend artikulieren, weil er ja eben *nicht* erklären kann, was ihn bedrängt. So erhalten seine sprachlichen Reaktionen etwas Unbewältigtes und bedürfen der Ergänzung durch unkontrollierte und eben deshalb verräterische Gesten. Die marionettenhafte Tanzpantomime Läuffers in Szene I, 3 des „Hofmeister" signalisiert noch suggestiver als der Dialog, wie sehr er hier der Lenkung von außen unterliegt.

Soziale Prägung

Alle Dramenfiguren sind geprägt von der Kraft, mit der sie ihr jeweiliger sozialer Stand umfängt. Bürgerliche Kaufleute, Geistliche, Offiziere, Studenten, adlige Nichtstuer, Lakaien – alle diese ständischen Bereiche sind vertreten, bestimmen die Konturen der ihnen zugehörigen Figuren und verleihen ihnen typenhafte Geltung. Es ist nun aber Lenz' besondere Leistung, daß seine Gestalten bei aller ständischen Repräsentationskraft doch weit über bloße Typenhaftigkeit hinausweisen, weil sie immer zugleich als scharf gezeichnete Individuen hervortreten (vgl. S. 54), treffend charakterisiert bis hin zu den Nebenfiguren.

Individuelle und karikaturistische Gestaltung

Lenz hat sein Streben nach scharfer Zeichnung des Individuellen auch in seinen theoretischen Schriften ausgesprochen, am markantesten in den „Anmerkungen übers Theater" aus der Straßburger Zeit:

> „...nach meiner Empfindung schätz ich den charakteristischen, selbst den Karikaturmaler zehnmal höher als den idealischen, hyperbolisch gesprochen, denn es gehört zehnmal mehr dazu, eine Figur mit eben der Genauigkeit und Wahrheit darzustellen, mit der das Genie sie erkennt, als zehn Jahre an einem Ideal der Schönheit zu

> zirkeln, das endlich doch nur in dem Hirn des Künstlers, der es hervorgebracht, ein solches ist" (Damm II, 653).

Ästhetik des Charakteristischen

Diese Kunstgesinnung bezeugt eine Ästhetik des Charakteristischen (statt des Schönen), wie sie zu dieser Zeit auch der junge Goethe und andere Autoren des Sturm und Drang vertreten; sie erklärt das Fehlen jeder Idealisierung und vor allem den Verzicht auf Dramenhelden im konventionellen Sinn bei Lenz. Der jämmerliche Verführer Läuffer, die bei all ihren Prätentionen so naive Mariane oder der ohnmächtig leidende Stolzius sind zwar die Hauptfiguren der Stücke, aber alles andere als „Helden".

Verzerrte Nebenfiguren

Bei den Nebenfiguren seiner Dramen überzeichnet Lenz individuelle Absonderlichkeiten oft derart, daß die Figur zur Karikatur wird. Die Lust am Karikieren kündigt sich schon in den vielen ‚sprechenden Namen' an: Herr von Seiffenblase, Jungfer Knicks, Rammler, Jungfer Zipfersaat. Das Beunruhigende an der Lage der Lenzschen ‚Helden' in ihrer bedrängenden Umwelt steigert sich gerade dadurch, daß diese Umwelt aus fratzenhaft verzerrten Figuren besteht. Sie alle zusammen bilden in gewisser Weise den ‚Gegenspieler' der jeweiligen Hauptperson. Weil sich dieser Gegenspieler in eine Vielzahl separater Figuren aufgelöst hat, weil er also anonym und ungreifbar bleibt, sind persönlicher Kontakt, Verständnis, Weltorientierung kaum mehr möglich.

Der Hofmeister: Läuffer – Major – Wenzeslaus

Läuffer:

Wie schon der Titel „Der Hofmeister" verrät, handelt es sich bei Läuffer um die zentrale Figur des Stücks; dies freilich weniger in seiner Individualität als im Hinblick auf seine soziale Rolle. Der alternative Titel „Vorteile der Privaterziehung" signalisiert gleichfalls, wenn auch in ironischer Brechung, den Vorrang sozialer Probleme. Immerhin eröffnet Läuffer mit seinem kurzen Monolog (I, 1; vgl. S. 7) den Ablauf der Handlung – um sich dann aber ganz und gar nicht als Held zu erweisen und am Ende schließlich sang- und klanglos aus dem Stück zu verschwinden.

– Einleitende Charakterisierung

Bereits in dem genannten kurzen Auftritt (I, 1) ist die Figur mit knappen, scharfen Strichen einprägsam charakterisiert. Läuffer, den sein Vater nicht in einer zuschußbedürftigen akademischen Stellung unterstützen will, der sich für den geistlichen Beruf für zu weltläufig und „zu gut gewachsen" hält und den als Lehrer in der Stadtschule anzustellen sich der Geheime Rat weigert, glaubt den Vater als geizig und den Geheimen Rat als „Pedant" zu durchschauen und gibt damit eine zugleich leichtsinnig-pfiffige und naiv-überhebliche Sicht der Dinge zu erkennen. Spätere Auftritte bestätigen, was hier schon als Kritik an der Figur sichtbar wird; die entlarvende Szene I, 3 etwa, in der sich Läuffer der selbstgefälligen Majorin gegenüber in den plumpsten Schmeicheleien ergeht und in der das bloße Mitredenwollen an die Stelle des Strebens nach Emanzipation tritt.

– Sprechender Name

Wenn Läuffer schon am Ende der Szene I, 1 als Duckmäuser „mit viel freundlichen Scharrfüßen" am soeben auftretenden, von ihm gefürchteten Geheimen Rat vorbei abgeht, so erfüllt er damit gestisch, was sein „sprechender Name" ankündigt. Immer wieder wird Läuffer in diesem Stück überstürzt davonlaufen; so etwa in Szene II, 2, wo die Einengung seiner Lebensbedingungen bereits bedrohliche Formen angenommen hat, in Szene II, 5, wo er nach Gustchens Verführung das Kommen des Majors fürchtet, in Szene III, 2, wo er sich auf seiner Flucht beim Auftauchen des Grafen Wermuth gerade noch in eine Kammer retten kann.

– Reagieren statt Handeln

Durchgehend erscheint Läuffer damit als Getriebener, als einer, der nicht Herr der Situation, der auf der Flucht ist. Und so bringt er es auch im gesamten Stück nicht zu überlegtem Handeln, sondern nur zu halb erzwungenen, halb willkürlichen, jedenfalls unangemessenen und auf tragikomische Weise sinnlosen Reaktionen. Eine solche Reaktion – und nicht etwa eine überlegte Missetat! – ist die Verführung Gustchens. Bezeichnenderweise erfährt der Zuschauer im ganzen Stück nicht, wieweit Läuffer überhaupt dafür verantwortlich ist! Auch die Selbstkastration, die Läuffer vor Szene V, 3 vollzieht, ist eher Kurzschluß als Akt der Reue, daher wird sie auch in der Heirat mit Lise ironisch ‚zurückgenommen', und Wenzeslaus betont in Läuffers letztem Auftritt nochmals dessen Unzulänglichkeit: „Das müßt ein ganz andrer Mann sein, der aus Absicht und Grundsätzen den Weg einschlüge, um ein Pfeiler unsrer sinkenden Kirche zu werden. Ein ganz andrer Mann!"

– Unzulänglichkeit

Major von Berg:

Läßt sich vom dramatischen „Helden" Läuffer sagen, daß er als ein ‚reduzierter Mensch' gestaltet ist, so gilt das verstärkt für Major von Berg. Auch bei ihm fallen zunächst die typenhaften Züge ins Auge. Seine Grobheit und sein beständiges Poltern weisen ihn aus als Nachfahren des ‚miles gloriosus' der römischen Komödie und des ‚Capitano' der italienischen ‚Commedia dell'arte', des aufschneiderischen und ruhmredigen Soldaten, eines der festgelegten Typen also jener Komödientradition, die in ganz Europa wirksam war. Dazu passen Eigenschaften des Majors, die von seinen ersten Auftritten an hervorstechen: seine intellektuelle Stumpfheit und sein hilfloses Festhalten am Hergebrachten etwa im Erziehungsgespräch, in das ihn der Geheime Rat in Szene I, 2 verwickelt, oder auch die altväterischen Ratschläge, die er dem neuen Hofmeister in Szene I, 4 erteilt. Dazu paßt vor allem sein ungestümes Auftreten, das sowohl dem atemlosen Staccato und den Übersteigerungen seiner Sprache (Hyperbeln) als auch dem szenischen Tempo seiner Auftritte ablesbar ist. Ein Musterbeispiel dafür ist Szene I, 4, in welcher der Major Läuffer und seinen Zögling Leopold „überfällt", wie es in der Regieanweisung heißt, und mit einem furiosen Wortschwall überzieht: „So recht; so lieb

– Typenhaftigkeit

ich's; hübsch fleißig – und wenn die Kanaille nicht behalten will, Herr Läuffer, so schlagen Sie ihm das Buch an den Kopf, daß er's Aufstehen vergißt, oder wollt ich sagen, so dürfen Sie mir's nur klagen."

– Soziale Repräsentativität

Zur Rolle des Majors gehört auch seine sozialtypische Bedeutung. Er steht innerhalb des kritischen Gesellschaftsbilds, das dem „Hofmeister" zu entnehmen ist, für eine bestimmte Erscheinungsform des heruntergekommenen Landadels. Während die Majorin etwa in ihren Auftritten mit dem Grafen Wermuth noch an mondänen, freilich erkennbar fadenscheinigen Adelsansprüchen festhält, zeigt sich der Major nicht nur in seiner Mentalität, sondern auch in seinen Lebensumständen als deutlich rustikale Figur. Das ständige Herunterpressen von Läuffers Bezahlung erklärt sich so nicht nur aus der sozialen Unempfindlichkeit, sondern auch aus der ökonomisch eingeschränkten Lage der Majorsfamilie, die im ausgebluteten Preußen nach dem Dritten Schlesischen Krieg Friedrichs II. (1756-63) wohl eine Realität war; aus Szene II, 6 geht geradezu hervor, daß der Major bäuerliche Arbeit verrichtet, „täglich wie ein Maulwurf auf dem Felde wühlt", wie die Majorin spottet.

– Individualität

Dieser typenhaften Rolle überlagert sich aber wie bei allen großen Lenzschen Theaterfiguren eine überraschend individuelle Schicht. Die menschliche Schwäche des Majors ist seine Liebe zu seiner Tochter Gustchen, der er schon in Szene I, 4 rührend kreatürlichen Ausdruck gibt. Mit dem zunächst unverständlichen Dahinkümmern der heimlich schwangeren Tochter wird auch der Major menschenscheu und grüblerisch, was sich erst in seiner explosiven Reaktion auf das Bekanntwerden von Gustchens Flucht (III, 1) und dann vor allem in der Szene am Teich (IV, 5) löst, in der er seine Tochter wiederfindet: Szenen von ekstatischer Gewalt, besonders in der Flut

– Widersprüche

von Flüchen und Zärtlichkeiten, die die Rettung der Tochter begleitet: „Daß ich dich wieder in meinen Armen tragen kann, gottlose Kanaille!" In solchen Szenen ist es Lenz gelungen, gerade die Widersprüche seiner Figur zur Einheit eines überzeugenden Charakterbilds zusammenzuschweißen.

Wenzeslaus:

Eine eigentümliche Sonderrolle nimmt im „Hofmeister" der Dorfschulmeister Wenzeslaus ein. Er dominiert einen ausgegliederten Schauplatz, die Dorfschule, und steht für eine eigenständige Position innerhalb der Erziehungsthematik des Stücks.

– Skurrilität

Lenz charakterisiert Wenzeslaus wiederum äußerst individuell und mit großer Originalität. Zunächst sticht die Skurrilität der Figur hervor. Die Lebensprinzipien und Gewohnheiten dieses verschrobenen Schulmeisters werden schon in Szene III, 2 deutlich: Wenzeslaus wird hier sofort auf Requisiten wie Brille und Lineal, auf Tätigkeiten wie Geradeschreiben und Linienziehen festgelegt: Beschränkung und Einzäunung als Weltprinzip! Von der Aufgeregtheit des flüchtigen Läuffer völlig unbeeindruckt, beschäftigt sich Wenzeslaus geruhsam weiter mit allerhand mechanischen Verrichtungen, ergeht sich in unablässig wiederholten Formeln. Das ist eine in hohem Maß karikaturistische Figurengestaltung, die auf groteske Verfremdung abzielt.

– Unabhängigkeit und Fügsamkeit

Wenzeslaus weist in dieser Szene die eindringenden Adligen kaltblütig aus der Schule. In einer späteren Szene (IV, 3) wehrt er sich wieder lautstark gegen den Überfall des Majors, läßt sich dann aber rasch besänftigen und geht schließlich friedfertig ab, um Hilfe für den verletzten Läuffer zu holen. Wenzeslaus ist also zwar Kontrastfigur zum adelsabhängigen Hofmeister Läuffer, vermag das Maß an Selbstbehauptung zu leisten, an dem es dem kümmerlichen Läuffer gebricht, wird aber andererseits nicht etwa zum Freiheitshelden stilisiert, sondern fügt sich doch schließlich in die Rangordnungen ein.

– Doktrin der Askese

Läuffers Freiheitstraum wird bei Wenzeslaus schon deswegen nicht erfüllt, weil auch der Dorfschulmeister Zwänge vertritt und ausübt, und zwar gerade auf Läuffer. Asketische Bescheidung ist die Doktrin, der sich Wenzeslaus verschrieben hat; sein Erziehungsmodell unterwirft den Menschen einer religiös motivierten, lebensfeindlichen Unterdrückung aller natürlichen Regungen. Diesem Modell unterwirft er auch den damit erneut entmündigten Läuffer. Daher die unerwartet enthusiastischen Lobeshymnen auf Läuffers Selbstkastration und der Unwille über dessen Heiratspläne mit Lise!

– Kritisch gesehene Lehrerfigur

Mit Wenzeslaus beginnt so die Reihe kritischer Darstellungen von Lehrerfiguren in der deutschen Literatur, die von Verbiegung, Lebensferne, Abseitigkeit bis zur Infantilität gezeichnet sind: Professor Wilibald Schmidt in Fontanes „Frau Jenny Treibel" (1892) verkörpert in dieser Reihe die humorvoll-resignative, Heinrich Manns „Professor Unrat" (1905) die lächerlich-tyrannische Spielart.

Die Soldaten: Mariane – Wesener – Stolzius

Mariane:

Von allen Dramenfiguren bei Lenz ist Mariane (im Erstdruck: Marie) Wesener die am sorgfältigsten und am facettenreichsten gestaltete. Es ist immer schon bemerkt worden, daß sie, das leichtsinnige Bürgermädchen mit den Träumen von der adligen Heirat, über keine eigene Sprache verfügt: Mariane leiht sich ihre Sprache je nach Situation von anderen, durch naive Übernahme ebenso wie durch spielerisches Hineinsteigern. In der Briefschreibeszene (I, 1) bewegt sie sich im höflichen Kaufmannston ihres Vaters, bei ihren Kontakten mit Desportes benutzt sie den gestelzten Herrschafts- und Salonstil, der für sie die ersehnte Adelswelt ausmacht, während dem Zuschauer zugleich deutlich wird, wie sehr sie sich dabei betrügt. Auch Mariane selbst verfügt über eine dumpfe Ahnung des Unheilvollen, auf das sie sich einläßt. Aber sie verfügt nicht über die Reflexionshöhe, auf der dies artikulierbar wäre. Daher äußern sich solche Ahnungen bei ihr in unwillkürlichen Reaktionen von oft

– Sprachliche Anpassung

– Kreatürliche Ängste

kreatürlicher Hilflosigkeit, etwa in ihrer Todesahnung (Ende der Szene I, 6), im Zerreißen des Briefs an den abgewiesenen Stolzius (Szene III, 3) oder in ihrem wiederholten Niederfallen bei der ekstatischen Wiederbegegnung mit dem Vater (Szene V, 4). Lenz gibt damit der Figur eine große Breite sprachlicher und gestischer Ausdrucksmittel, wobei deren Wechsel zum Indiz der Flatterhaftigkeit des Mädchens wird und zugleich eine sichere Festlegung ihres Charakters erschwert.

– Naivität und Raffinesse

Marie & ihr Vater

Besonders bezeichnend ist Szene I, 5, in der Mariane, nachdem sie gegen das väterliche Verbot mit Desportes in der Komödie war, zur Familie nach Hause kommt. Lenz charakterisiert hier seine Figur außerordentlich subtil. Was zuerst ins Auge fällt, ist Marianes Naivität. Sie war hinter dem Rücken des Vaters im Theater, kommt im Festputz heim und teilt allen ihre Begeisterung mit! Sie spricht von dem „guten Herrn Baron" und durchschaut nicht, daß der sie keineswegs selbstlos ausgeführt hat. Doch ist Mariane zugleich auch raffiniert: Sie täuscht Zufall als Anlaß für den Komödienbesuch vor und schmeichelt sich ganz zielbewußt wieder bei ihrem Vater ein. Für diese subtile Charakterzeichnung werden noch ganz unauffällige Nuancen der Intonation bedeutsam. Wenn Mariane ihren Vater anspricht, benutzt sie dafür neben der ‚normalen' Form „Papa" auch das eher kindhafte, stärker auf der ersten Silbe betonte „Pappa"; indem sie in einer Antwort („Ja Papa – lieber Pappa!") von der ersten zur zweiten Form übergeht, indem sie ihn umarmt und sich ihm auf den Schoß setzt, flüchtet sie sich in die Rolle des Kindes hinein, dem man seine Unarten vergeben muß. Wer wollte entscheiden, wieweit solches Verhalten noch naiv ist oder schon aus bewußter Raffinesse geschieht? Letztlich ist das kaum abgrenzbar. Aber darin steckt nicht Unschärfe der dramatischen Charakterisierung, sondern etwas von der Rätselhaftigkeit und Unauslotbarkeit des Menschen, von der Verschwiegenheit seiner letzten Motive. Lenz stellt menschliche Charaktere ganz bewußt in ih-

– Widersprüchlichkeit

rer Widersprüchlichkeit dar, und gerade Mariane ist dafür ein besonders gelungenes Beispiel.

Wesener:

Daß Lenz' dramatische Figurendarstellung gerade die Brüche in Wesensart und Verhalten der Bühnengestalten freilegt, zeigt sich auch da, wo eine Figur ganz auf eine bestimmte Lebenssphäre festgelegt scheint. Ein bezeichnendes Beispiel dafür ist Wesener. Er ist ganz Repräsentant der bürgerlichen Welt und seiner Familie, in der er das entscheidende Wort zu sagen hat; angreifbar macht ihn, daß er seine Liebe auf Mariane konzentriert, die ihn so relativ leicht in seiner Rolle als Wahrer bürgerlicher Tugend und Wohlanständigkeit überspielen kann.

– Bürgerliche Selbstsicherheit und Angreifbarkeit

Wesener bewegt sich selbstsicher in seiner Welt der bürgerlichen Werte und Perspektiven. Für seine Tochter hat er, den Spielregeln seines Standes entsprechend, den gleichfalls bürgerlichen Tuchhändler Stolzius vorgesehen. Zu einem verhängnisvollen Fehler verleitet ihn seine übermäßige väterliche Liebe zu Mariane. Er, der sie zunächst so streng behütet, schließt sich ihrer illusionären Hoffnung auf den Aufstieg in die adlige Sphäre an: „Kannst noch einmal gnädige Frau werden närrisches Kind" (I, 6). In einer Art Doppelstrategie und in fataler Fehleinschätzung seiner Möglichkeiten rät er ihr in derselben Szene sogar, einerseits mit Desportes weiter in die Komödie zu gehen, andererseits ihn glauben zu machen, er, Wesener, wisse davon nichts – und gleichzeitig soll sie „den Stolzius nicht so gleich abschröcken"! Er gibt sich zufrieden – und hier stellt Lenz Weseners fragwürdige bürgerliche Mentalität kritisch bloß – mit dem Einhalten be-

– Festhalten an Anstandsregeln

stimmter, hier zum Vorwand verkommener formaler Anstandsregeln: Die Nachbarin soll jeweils mitgehen, und im übrigen „keine Präsente von ihm angenommen Mädel, um Gotteswillen." Als dann mit Desportes' Flucht die Katastrophe eingetreten und seine Tochter kompromittiert ist, trifft Wesener erneut eine fatale Fehlentscheidung, indem er, auf die hier untauglichen Werte und Maßregeln bürgerlichen Denkens pochend, für Desportes' Schulden aufkommt und auf die Rechtlichkeit von dessen Familie vertraut: „Ich kenne das Haus seit länger als gestern, sie werden doch das nicht wollen auf sich sitzen lassen" (III, 3).

Anrührende Töne findet das Stück dann in seiner letzten Phase, wenn Wesener seine Tochter verzweifelt sucht, getrieben von bedingungsloser Vaterliebe. Die Familie verschwindet sang- und klanglos aus dem Stück, so daß die häusliche Situation fast ins Wesenlose zurücktritt. Weseners Handel liegt brach, sein Geschäft ist gepfändet; aber auch dieser geschäftliche Ruin verblaßt in seiner Bedeutung angesichts der Versöhnung mit der endlich wiedergefundenen Tochter. Lenz läßt in diesen letzten, vage in eine schwer belastete Zukunft weisenden Auftritt alle Gefühlsintensität einfließen, mit der für ihn die Vaterbeziehung aufgeladen war, und hebt so die – sonst ja durchaus kritisch gesehene – Gestalt Weseners in eine Dimension reiner Menschlichkeit.

– Intensität des Vatergefühls

Stolzius:

Hat Lenz in Mariane seine subtilste, an Zwischentönen reichste Bühnenfigur geschaffen, so ist ihm ohne Zweifel mit Stolzius seine zukunftsträchtigste Gestalt gelungen. Sowohl die Art, wie Lenz die Figur konzipiert hat, als auch die Sprache, die er ihr gegeben hat – eine Sprache, die die ansatzweise auch bei anderen Figuren aufblitzenden Ausdrucksmöglichkeiten bis zur Konsequenz treibt – weisen direkt voraus auf Georg Büchner. Büchners „Woyzeck" wäre als Stück undenkbar ohne Lenz' vorangegangenes Stück, und die Figur Woyzeck wäre nicht denkbar ohne das Vorbild Stolzius!

– Manische Fixiertheit

Vom ersten Auftritt an ist Stolzius auf eine einzige Zielrichtung festgelegt: Die krankhafte, für kein anderes Interesse mehr Raum lassende Fixiertheit auf Mariane beherrscht ihn völlig. Von allem Anfang an trägt dieses merkwürdige Verhältnis von seiner Seite aus alle Zeichen des Abseitigen, des Verlusts der Willensfreiheit, des Zwanghaften. Auch hier arbeitet Lenz mit Widersprüchen. Der unheimlichen Folgerichtigkeit und Unbeirrbarkeit, die Stolzius eigen sind, entsprechen auf der anderen Seite deutliche Kennzeichen der Schwäche. Das beginnt schon in seinem ersten Auftritt. Zu Beginn der Szene I, 2 sitzt er da „mit verbundenem Kopf“. Ihm „steckt das verzweifelte Mädel im Kopf“, wie die Mutter sagt, und er „verschlingt den Brief mit den Augen“. Auch in den weiteren Auftritten äußern sich Betroffenheit und Verzweiflung bei Stolzius jeweils in körperlichem Versagen, im „Zusammenspiel von Physischem und Seelischem“ (Volker Klotz: Geschlossene und offene Form im Drama, 145).

– Schwäche

Daneben tritt jedoch vom III. Akt an ein neuer Zug der kalten Entschlossenheit, der sich nicht in explizit geäußerten Vorsätzen äußert, sondern in einer elementaren, von Andeutungen und biblischen Anklängen geprägten Gleichnishaftigkeit. Dieser neue Ton ergreift zunehmend Besitz von Stolzius. Voll ausgeprägt ist er in Szene IV, 11, in der sich Stolzius' Schwäche nur noch in seinem zögernden Herumgehen vor der Apotheke zeigt, während seine Sprache vor dem entscheidenden Kauf des Gifts, mit dem er Desportes und sich selbst umbringen wird, ganz vom archaischen Leidenston der Bibel erfüllt ist: „Und müssen denn die zittern, die Unrecht leiden und die allein fröhlich sein, die Unrecht tun!“ Hier, bei dieser kraftvollen Dramaturgie des Opfers, wird Georg Büchner sechzig Jahre später ansetzen.

– Entschlossenheit

– Bibelton

Dramatische Bauform und Gattungsproblematik

Mit den beiden Stücken „Der Hofmeister" und „Die Soldaten" ist durch Lenz ein „neuer Formtypus in der Geschichte des deutschen Dramas" (Guthke 1959, Untertitel) geschaffen worden. Dieser Formtypus markiert eine entscheidende Etappe in der notwendigen Befreiung des modernen sozialkritischen Dramas von den Formzwängen der aristotelischen Tradition. Lenz war sich klar über den Bruch mit dieser Tradition, hat seine dramentheoretischen Vorstellungen auch mehrfach zu formulieren versucht, vor allem in den teils hellsichtigen, teils verworrenen „Anmerkungen übers Theater" aus dem Jahr 1774. Erheblich konsequenter erscheinen jedoch die praktischen Lösungen, zu denen er in seinen dramatischen Werken vorstößt.

„Anmerkungen übers Theater" (1774)

Offene Form

Geschlossene und offene Form

Die moderne Literaturwissenschaft faßt die formalen Tendenzen des aristotelisch-klassischen Dramas in Anlehnung an den Kunsthistoriker Heinrich Wölfflin („Kunstgeschichtliche Grundbegriffe", 1915) unter dem Begriff der „geschlossenen Form", die gegenläufigen Tendenzen als „offene Form" zusammen. Daß sich Lenz über die typologische Bedeutsamkeit seines formalen Konzepts zumindest intuitiv im klaren war, ergibt sich aus der kurzen, bisher zu wenig beachteten Skizze „Für Wagnern (Theorie der Dramata)", in der Lenz zwei Formen des Dramas einander gegenüberstellt:

Lenz' Dramentypologie

> „... das eine stellt alles aufeinmal und aneinanderhangend vor und ist daher leichter zu übersehen, bei dem andern muß man auf- und ab-

klettern wie in der Natur. Wenn nun die Rauhigkeit der Gegend die Mühe nicht lohnt, so ist das Drama schlecht, sind aber die Sachen die man sieht und hört wohl der Mühe wert seine Phantasei ein wenig anzustrengen, dem Dichter im Gang seiner vorgestellten Begebenheiten nachzufolgen, so nennt man das Drama gut" (Damm II, 673).

Szene als Momentaufnahme einer Situation

Im „Hofmeister" gibt Läuffers einleitender Monolog einen knappen Einblick in seine Schwierigkeiten; beim Auftreten des Majors und des Geheimen Rats tritt er sogleich wieder ab. Nichts hat sich in dieser gerafften Szene entwickelt, nur ein isolierter Blick in eine Situation war möglich. Ohne Bühnenverwandlung folgt nun die Auseinandersetzung der beiden neuen Figuren; trotz dieser äußeren Kontinuität – bei Lenz ohnehin eine Ausnahme! – ist die Szene nicht Fortlauf der vorigen, sondern Neuansatz: Läuffers Anstellung ist bereits beschlossen und ergibt sich nicht etwa aus diesem Treffen. Das Gespräch beleuchtet wieder nur eine vorgegebene Konstellation. Auf verwandeltem Schauplatz zeigt dann die nächste Szene bereits, wie sich Läuffer schon bei der Majorin vorstellt, und auch diese Szene bringt keine Entscheidungen, sondern rückt vor allem die Verhältnisse im Haus von Berg ins Licht.
Die erste Szene der „Soldaten" zeigt, wie Marianes Brief an Stolzius unter Mithilfe der Schwester Charlotte geschrieben wird, wobei die Charakterisierung der Schwestern und ihres Verhältnisses zueinander zentral bleibt. Die zweite Szene, an ganz anderem Schauplatz, zeigt – logischerweise in einigem zeitlichem Abstand – Stolzius' Reaktion auf den Brief und dabei seine eigentümliche Verfallenheit an Mariane. Gleich die nächste Szene schwenkt wieder zurück zum Schauplatz der ersten und blendet mit Desportes' Werben mitten in die sich anbahnende Verführungsgeschichte hinein.

Diese Szenenfolgen sind charakteristisch für die Szenentechnik des Lenzschen Dramas überhaupt. Schlagartig und unvermittelt setzen die Szenen ein, meist mitten in einer Situation, mitten in einem Gespräch. Ebenso abrupt enden sie, oft ohne den letzten gesprochenen Satz abzuschließen. Hinzu kommt die Kürze der meisten Auftritte. All diese Mittel sichern der einzelnen Szene die Unmittelbarkeit einer Momentaufnahme und verleihen ihr eine eigentümlich grelle Schärfe.

Zeitsprünge und Ortswechsel

Zwei Kunstgriffe sorgen immer wieder dafür, daß die Szenen gewissermaßen wie voneinander isolierte Blitzlichter auf einzelne Stationen einer Gesamthandlung wirken, die als Ganzes niemals in den Blick rückt und nur durch die verbindende Phantasie des Betrachters zu rekonstruieren ist. Zum einen sind es die Zeitabstände, die zwischen den einzelnen Szenen liegen müssen und die der Zuschauer mit seiner Phantasie ausfüllt. Läuffer muß ja vor der Vorstellung zunächst erfahren, daß man ihn engagiert hat; der Brief braucht zumindest Tage, um von Mariane zu Stolzius zu gelangen! Zum anderen ist es das vorherrschende kompositorische Verfahren, zwischen die Szenen an dem *einen* Schauplatz solche einzufügen, die an einem anderen Ort spielen, so daß die Handlung wie im Zickzack voranspringt.

Technik des Aussparens

Aus der Bahn der Handlung werden so immer nur einzelne Punkte blitzartig erhellt. Alles andere bleibt im Dunkel, ‚geschieht' also zwischen den Szenen. Diese Technik des Verkürzens und Aussparens verlegt einen Großteil der dramatischen Dynamik aus den Szenen selbst in deren geraffte Abfolge. Die objektive zeitliche Erstrekkung der Dramen – es handelt sich jeweils um Jahre – wird damit radikal verkürzt zu einer streckenweise atemlosen Hetzjagd herausgegriffener Augenblicke.

Das geschieht keineswegs willkürlich, sondern ist geeignetes Darstellungsmittel für ein „Gemälde der menschlichen Gesellschaft" (Damm II, 703), wie es Lenz als Ziel der Komödie vorschwebte. Da den einzelnen Figuren von der kritisch dargestellten Gesellschaft ihr Schicksal aufgezwungen wird und sie deshalb weniger agieren als reagieren, werden konsequenterweise weniger ihre

Handlungen gezeigt als die Lagen, in die sie gebracht werden.
So werden die Geschehnisse der beiden Dramen gewissermaßen in kleine Einheiten oder Stationen zerlegt; zu planvollem Handeln in logisch gefügten, aufeinander aufbauenden Etappen kommt ein Läuffer, kommt eine Mariane ja nicht, sondern nur zu Augenblicksentschlüssen. Formeinheit ist daher folgerichtig die einzelne Szene – und das wird typisch bleiben für das gesamte sich nach Lenz entfaltende Drama der offenen Form. Eine Einteilung in die konventionellen fünf Akte trifft Lenz zwar noch, aber da diese Akte weder handlungsmäßig noch räumlich noch zeitlich kohärent sind, hat diese Einteilung kaum mehr gliedernde Kraft. Georg Büchner, Lenz' erster großer Nachfolger, wird dann später die Konsequenz aus dem neuen Kompositionsverfahren ziehen und seinen „Woyzeck" nur noch in Szenen gliedern.

Szene als Formeinheit

Neben der preisgegebenen Einheit der Handlung werden auch die beiden anderen Einheiten gesprengt, die das traditionelle Drama unter Berufung auf Aristoteles kennt: die Einheit des Raums und die Einheit der Zeit.

Schauplatzwechsel

In beiden Dramen spielt fast jede neue Szene an einem anderen Ort als die vorherige, so daß die Zahl der Bühnenverwandlungen die der Szenen fast erreicht. Individuelle Räume von atmosphärischer Dichte charakterisieren den jeweils gegebenen Weltausschnitt. Am stärksten ist das in den „Soldaten" ausgebildet. Hier wird die Familie Wesener in der Enge ihres bürgerlichen Wohnraums gezeigt, dem Treiben der Offiziere entsprechen Schauplätze von betriebsamer Öffentlichkeit. Damit erhalten die Schauplatzwechsel immer wieder Kontrastfunktion. Ehe Mariane endgültig auf die Straße hinausgetrieben wird, erscheint sie nochmals im zurückgezogenen Garten der Gräfin. Der Raum übernimmt Mitteilungsfunktionen, die in der Sprache der Figuren wegen deren mangelnder Reflexionsfähigkeit ausgespart oder auf Andeutungen reduziert sind; er kommentiert und deutet das Geschehen.

Zeitgestaltung

Ähnlich erscheint der Zeitablauf im Lenzschen Drama nicht als objektiver, gleichmäßiger Fortgang, sondern als kaleidoskopischer, unausgeglichener Wechsel von Augenblicken. Diese Form der Zeitgestaltung kann sich zu höchst expressiven Wirkungen steigern. Marianes Flucht aus dem Haus der Gräfin etwa fällt zwischen die 3. und 4. Szene des IV. Akts, wird also nicht direkt gezeigt – und verschlägt dem Zuschauer doch den Atem, da sie eine Szenenfolge von beispielloser Hektik entfesselt. Fünf Szenen, die die Reaktion je einer der anderen Figuren zeigen und jeweils nur wenige Sätze umfassen, jagen förmlich am Zuschauer vorbei. Wie sich mit Marianes Flucht die Ereignisse überstürzen, so überschlägt sich hier unvermittelt das szenische Tempo – eine meisterhafte Steigerung des Inhaltlichen durch die dramatische Kunstform! Und das geschieht ohne jede Rücksicht auf die zeitgenössischen Bühnenmöglichkeiten, wie in einer Vorahnung moderner Bühnenformen oder gar des Films!

Trotz der festzustellenden Auflösung der herkömmlichen dramatischen Struktur gibt es jedoch auch bei Lenz übergreifende Ordnungen, zerfallen die Dramen nicht in konturlosen ‚Szenenbrei'. Die Szenen lassen sich in ihrer Mehrzahl jeweils zwei alternierenden Strängen zuordnen.

Alternierende Handlungsstränge

Den einen, „theoretischen" Strang bilden im „Hofmeister" die Szenen, in denen die Problematik der Privaterziehung explizit diskutiert wird: so vor allem in I, 2 durch den Major und den Geheimen Rat, in II, 1 durch den Geheimen Rat und den alten Pastor Läuffer und in ironischer Andeutung in der Schlußszene. Die anschauliche Konkretisierung zu den hier aufgestellten Thesen liefern dann die Szenen des „Privatstrangs", die am Schicksal Läuffers und Gustchens die Folgen des Mißstands aufzeigen.

In den „Soldaten" wird wiederum in Milieu- und Diskussionsszenen, die das ganze Stück durchsetzen, der gesellschaftliche Defekt, also die Ehelosigkeit der Offiziere, enthüllt und kontrovers diskutiert, wobei der Feldprediger Eisenhardt eine ähnliche Wortführerschaft erhält wie der Geheime Rat im „Hofmeister". Zugleich werden die verderblichen Folgen des Defekts am Fall der Mariane Wesener vorgeführt. Wieder laufen beide Handlungsstränge alternierend nebeneinander her und greifen ineinander, insofern der Gesellschaftsdefekt Marianes Schicksal erklärt und dieses wieder die Folgen des Defekts anschaulich vorführt. In der letzten Szene wird dann wieder ausdrücklich der gesellschaftliche Mißstand für Marianes Fall verantwortlich gemacht. Damit ist der Schnittpunkt beider Handlungslinien erreicht; nicht etwa ihr Endpunkt, denn die vorletzte Szene läßt ja Marianes weiteres Geschick in der Schwebe, und auch die Zustände bei den Offizieren bestehen weiter.

Komplementäre Stränge

Bei dem von Lenz in beiden Werken gewählten Verfahren spricht die heutige Literaturwissenschaft vom Prinzip der „komplementären Stränge" (Klotz 1960). Festzuhalten bleibt jedoch, daß auch dieses Aufbauverfahren noch überspielt wird durch Nebenepisoden, die, in relativ lockerem Bezug zu den zentralen Handlungselementen, die Breite und Vielfalt der Gesellschaftsdarstellung noch weiter anreichern. Hierher gehören etwa die Studentenszenen im „Hofmeister" und die Intrige um den Juden Aaron in den „Soldaten".

Tragikomödie

Tragödie und Komödie

Die Auflösung der strengen Formzwänge hat bei Lenz (wie auch bei der gesamten „offenen" Dramatik) Konsequenzen für die Gattungszuordnung. Die traditionellen Gattungstypen Tragödie und Komödie lassen sich ja auffassen als Stilisierungen des in ein Drama eingegangenen Lebensstoffs unter einem bestimmten Gesichtspunkt, dem des Heroischen im einen, dem des Lebenspraktischen im anderen Fall. Mit dem Auseinanderfallen der Handlungselemente, der Zersetzung

Unsicherheit der Gattungszuordnung

des eindeutigen Zusammenhangs, geraten auch solche übergreifenden Stilisierungen ins Wanken. Daher erweisen sich schon für Lenz selbst die gängigen Gattungsbezeichnungen als nicht mehr tragfähig, was sich in seinen schwankenden Untertiteln zeigt: „Der Hofmeister“ etwa wurde im Berliner Manuskript als „Lust- und Trauerspiel“, im Druck jedoch als „Komödie“ bezeichnet, und in einem Brief an Salzmann spricht Lenz sogar von seinem „Trauerspiel“ (Briefe I, 25), schränkt das aber gleich wieder ein durch den Zusatz „ich muß den gebräuchlichen Namen nennen“. Aus moderner Sicht ist nur *ein* Begriff angemessen, für den freilich zu Lenz’ Zeit ein angemessenes theoretisches Fundament fehlt und der auch heute noch unzureichend geklärt ist, nämlich der Begriff „Tragikomödie“.

Bedeutungshöhe der Tragödie

Tragödie und Komödie haben es nicht eigentlich mit grundverschiedenen Phänomenen zu tun, sondern sie beleuchten nur unter entgegengesetztem Blickwinkel die gleiche Konstellation, nämlich den Konflikt des Einzelnen mit einer übergeordneten Norm, mit dem Weltganzen, in das er gestellt ist. In der tragischen Perspektive wird dieser Konflikt von der einzelnen Figur her gesehen und mit unausweichlicher Folgerichtigkeit bis zu deren Vernichtung getrieben. Dagegen sieht die komische Perspektive den Konflikt von der Übermacht der Norm her; so erscheint das hoffnungslose Aufbäumen der einzelnen Figur lächerlich, und sie wird aus dieser Überlegenheit heraus nur unschädlich gemacht, nicht aber vernichtet. Weil diese mild korrigierende Wirkung der Norm der Lebensrealität angemessener ist als die Ausnahmesituation des radikalen Kampfs, kommt der Tragödie ein eingeschränkter, der Komödie aber ein breiter Stoffkreis zu. Die Tragödie behandle „nur einzelne außerordentliche Augenblicke der Menschheit“, schreibt Schiller an Goethe (24. August 1798).

Alltäglichkeit der Komödie

Auf der anderen Seite entspannen sich auch die Einzelelemente tragischer Gestaltung, wenn sie unter komische Perspektive geraten. Die tragische Schuld wird zum komischen Defekt, statt Schicksal waltet

Zufall, das Grauen wird zur bloßen Angst, das Scheitern zum Geprelltwerden. So zeigt sich die in Konflikt gesetzte Disharmonie der Welt in der Komödie wie in der Tragödie, nur dort nicht vernichtend, sondern in relativ unschädlicher Weise. Diese bei der ‚echten' Komödie gewahrte Unschädlichkeit geht den Lenzschen „Komödien" ab. Der an sich mit komischen Zügen ausgestattete Läuffer wird bis zur Verzweiflung in seinen Lebensmöglichkeiten eingeengt und kastriert sich; Mariane, auch sie schon durch ihre Naivität eine potentiell komische Figur, gerät in kreatürliche Verlorenheit und wird zur Dirne; Stolzius, bei dem selbst die Züge schwächlicher Infantilität nicht zum Lachen sind, sondern dumpf bedrohlich wirken, nimmt und verabreicht Gift. All diese Schicksale wären in wirklichen Komödien nicht denkbar. Andererseits hat Lenz das Tragische nicht erreicht, denn ein tieferer Sinn dieser harten Schicksale ist nicht zu erkennen. Elemente des Komischen und des Tragischen sind also nicht einfach nebeneinandergestellt, sondern aufgehoben in einen neuen Horizont des tragikomischen Zwielichts, dem die Unschädlichkeit des Komischen und die Sinngebung des Tragischen fehlen. Ein letzter Sinnzusammenhang der Welt, wie er von der tragischen und von der komischen Weltdeutung gleichermaßen vorausgesetzt wird, ist hier der scharfen und kritischen Darstellung faktischer Zustände ohne deren Legitimation durch einen übergreifenden Sinn gewichen. In dieser verstörenden Weigerung, den Zuschauer mit einem Sinnerlebnis zu entlassen, liegen die eigentlichen Gründe für den gängigen Vorwurf der älteren Literaturwissenschaft, Lenz habe „an Stelle schlichter Wahrheit verzerrte unkünstlerische Wirklichkeit" (so Otto von Leixner, 1899) geboten.

Lenz: Fehlen komischer Unschädlichkeit und tragischen Weltsinns

Vorläuferschaft zur Tragikomödie

Was Lenz vorschwebte bei seiner Weigerung, sich für eindeutig tragische oder eindeutig komische Perspektivierung des von ihm gestalteten Weltausschnitts zu entscheiden, hat erst viel später ein theoretisches Fundament erhalten, nämlich in dem hellsichtigen „Sendschreiben an H. Th. Rötscher", in dem Friedrich Hebbel sein „Trauerspiel in Sizilien" ästhetisch rechtfertigt und den Ort der Tragikomödie dort sieht,

– Hebbels verhinderte Tragödie

> „wo ein tragisches Geschick in untragischer Form auftritt, wo auf der einen Seite wohl der kämpfende und untergehende Mensch, auf der anderen jedoch nicht die berechtigte sittliche Macht, sondern ein Sumpf von faulen Verhältnissen vorhanden ist, der Tausende von Opfern hinunterwürgt, ohne ein einziges zu verdienen".

Tragikomödie also als verhinderte Tragödie, als Nachfolgeform der Tragödie in einer Zeit, die an verpflichtende Werte nicht mehr glauben will oder kann. Von hier aus führen direkte Entwicklungslinien zu den Konzepten des 20. Jahrhunderts, für das – so Friedrich Dürrenmatt in seiner einflußreichen Schrift „Theaterprobleme" von 1955 – weithin gilt: „Uns kommt nur noch die Komödie bei." Der Typus der ‚bösen Komödie', den Dürrenmatt hier theoretisch postuliert und den er auch in Werken wie „Der Besuch der alten Dame" oder „Die Physiker" realisiert hat, geht letzten Endes auf die tastenden Ansätze von Lenz zurück, der ganz wie der moderne Dramatiker einer in Auflösung begriffenen Gesellschaft sowohl die sinnstiftende Rechtfertigung des Tragischen als auch die entlastende Befreiung im Komischen verweigert hat.

– Dürrenmatts „böse Komödie"

Sprachliche Form

Die Merkmale von Lenz' szenischer Technik – Durchbrechung der Kontinuität, Brüche, scharfe Kontraste (vgl. S. 62ff.) – bestimmen auch die Sprachform der Dramen. Lenz' dramatische Sprache kennt keine langen, ausgewogenen, wohlgeordneten Perioden. Es herrschen parataktische Satzstrukturen vor; wo es aber zu Unterordnungen im Satzbau kommt, sind diese meist relativ einfach gebaut oder nicht bis zu Ende durchgehalten. Wie die vielen Bühnenverwandlungen zwischen den einzelnen Szenen die Kontinuität des dramatischen Fortschreitens zerbrechen, so sprengen Aspektwechsel, Brüche und elliptische Verkürzungen den Fluß der Sprache; so bleibt sprachlich wie szenisch vieles im Dunkeln. Das führt zu einer dramatischen Sprache von äußerster Knappheit und Expressivität.

Knappheit und Expressivität

„Der Hofmeister":

Einige Beispiele aus dem „Hofmeister" sollen hier die umrissenen Eigenarten von Lenz' dramatischer Sprache zeigen.

– Unterdrückung des Personalpronomens

Häufig wird hier beim Verb das eigentlich gebotene Personalpronomen unterdrückt, wie etwa in Szene IV, 5: „Gustel! was fehlt dir? Hast Wasser eingeschluckt? Bist noch mein Gustel?" Das erzeugt gerade an solchen stark emotionalen Stellen einen in seiner Verknappung fast ‚naturalistisch' echten, zugleich aber auch ausdrucksgeladenen Sprachton.

– Assoziative Verknüpfung

Angefangene Sätze bleiben oft ohne Abschluß oder gehen, nur lose oder gar nicht verbunden, in assoziativ neu ansetzende über, so wie es in Szene I, 4 geschieht: „Es weiß sein Christentum aus dem Grunde und in dem Grunde, aber es ist denn nun doch, weil sie bald zum Nachtmahl gehen soll und ich weiß wie die Pfaffen sind, so soll Er auch alle Morgen etwas aus dem Christentum mit ihr nehmen." In dem ungestümen Redefluß des Majors wird das lose gereihte Nebeneinander verschiedener Aspekte schon durch das Anakoluth (Satzbruch; der logische und syntaktische Ansatz „aber es ist denn nun doch“ bleibt ohne genaue Weiterführung!) unterstrichen. Es wird aber auch besonders durch den Wechsel des Personalpronomens betont, wenn für Gustchen zuerst „es“, dann „sie“ steht. Eine unscheinbare sprachliche Einzelerscheinung spiegelt das Gesamtgesetz der dramatischen Technik!

– Anakoluth

Vergleichbare grammatische Brüche finden sich auf Schritt und Tritt, so etwa zwei Sätze vor der zitierten Stelle in Szene I, 4: „Hör Er doch einmal: ich hab eine Tochter, das mein Ebenbild ist...“ Durch das Vorwirken des Genus von „Ebenbild“ folgt hier auf „Tochter“ unmittelbar das ‚falsche‘ Relativpronomen und macht den abrupten Aspektwechsel fast störend deutlich. – Der Major beschließt dann die Szene mit den Worten: „Merk Er sich das – und wer meiner Tochter zu nahe kommt oder ihr worin zu Leid lebt – die erste beste Kugel durch den Kopf.“ Vor allem in der elliptischen Verkürzung des letzten Teilsatzes ist hier die Analogie zur szenischen Blitzlichttechnik hergestellt.

– Grammatische Brüche

– Auslassung von Satzteilen (Ellipse)

An dramatischen Höhepunkten wird dann die Sprache zuweilen auf eine Formel von äußerster Dynamik und Prägnanz reduziert, so etwa im grellen letzten Ausruf der Majorin, die nach der Entdeckung von Gustchens Verführung und Flucht in Szene III, 1 ins Zimmer stürzt und, weitab von ihrem sonst maskenhaft französisierenden Vornehmheitsjargon, mit der erzieherischen auch die sprachliche Kontrolle verliert: „Deine Dochter – Der Hofmeister. – Lauf!“ Die Stelle deutet unmittelbar voraus auf das hektische „Er! Sie! Teufel!“, das Georg Büchners Woyzeck entfährt, als er seine Marie beim Tanz mit dem Tambourmajor sieht; auch in solchen ausdrucksvollen Verknappungen der Sprache ist Büchner der Vollender einer bei Lenz vorgeprägten Stiltendenz.

Aber nicht nur durch die Lockerung der logischen, grammatischen und syntaktischen Normen

– Soziale Färbung

wird die Sprache der Lenzschen Dramenfiguren aufgebrochen. Ihr Sprechen öffnet sich auch weithin den Sprachsphären der verschiedenen sozialen Schichten, denen die Figuren angehören. Die Sprache der prätentiösen Majorin und des mit ihr auf dieser gesellschaftlichen Ebene verkehrenden Grafen Wermuth ist, wie schon erwähnt, durchsetzt mit französischen Modewörtern; allein in Szene I, 3, die diese Art von hohlem Gesellschaftston satirisch entlarvt, kommen an einschlägigem Vokabular vor: „Kompliment“ – „Menuet“ – „Pas“ – „Assemblee“ – „enrhumiert“ – „Domestike“ – „bordiert“. Daß Läuffer diesen Ton vorübergehend aufnimmt, ist gleichfalls typisch und verrät sein naives Verlangen nach Teilhabe an der Adelswelt; indem sich Lenz’ Figuren in Sprachwelten vorwagen, die ihnen nicht zukommen, sprechen sie ihre geheimen Wünsche aus und entlarven sich wider Willen.

– Individuelle Differenzierung

Auch innerhalb der sozial bestimmten Sprachschichten sind die Figuren sorgfältig individuell differenziert. Vertritt die Majorin die blasierte Variante der degenerierten, nur noch den Oberflächenschein der Vornehmheit wahrenden Adelsgesellschaft, so sind die Äußerungen des Majors reduziert auf ländlich-grobe Soldatensprache, durchsetzt mit handfesten Flüchen und insofern Ausdruck geistiger Stumpfheit. Daß dazu die überraschend ‚echten‘ und anrührenden Töne der Vaterliebe kommen, macht die individuelle Überzeugungskraft der Figur aus, die eben nicht auf ihre sozialtypische Dimension beschränkt bleibt (vgl. S. 54f.).

Ähnlich vertritt der Schulmeister Wenzeslaus mit seinen lateinischen Sprüchen auf der einen Seite in karikaturenhafter Verzerrung die zeitgenössische theologische Beredsamkeit, ist aber doch wieder in seinen immer wiederkehrenden Formeln und seiner kuriosen Pedanterie eine ganz individuelle, auch in ihrer Sprache unverwechselbare Gestalt.

– Sprachliche Zeichnung der Nebenfiguren

Scharf charakterisiert durch ihre Sprache sind auch alle weiteren Figuren im „Hofmeister“. In der Sprache des Pastors, vor allem in Anreden wie „dero Herr Bruder“ usw., drückt sich dessen Unterwürfigkeit aus. Wieder ganz anders ist der Geheime Rat gezeichnet. Seine sprachliche Spannweite reicht vom lehrhaft räsonierenden Ton des Aufklärers („unsere Kinder sollen und müssen das nicht werden was wir waren: die Zeiten ändern sich, Sitten, Umstände, alles...“ / I, 2) bis zu fast alttestamentarischen Äußerungen des väterlichen Zorns. Der Musiker Rehaar ist allein schon durch die ständigen Diminutivformen („Konzertchen“ usw.) in seiner Selbstbeschränkung auf eine kleine Spielwelt treffsicher gezeichnet. Und mit dem erfrischend munteren Einfaltston des Bauernmädchens Lise kommt noch gegen Ende des Stücks ein neuer Sprachklang ins Spiel.

„Die Soldaten“:

Auch in den „Soldaten“ haben fast alle Figuren ihre bestimmte, bei aller sozialtypischen Geltung nur ihnen eigentümliche Stilfärbung in Vokabular und Syntax, wird der gelegentliche Wechsel der Sprachschicht aussagekräftig für die verborgenen Triebkräfte einer Figur. Der Militärjargon der Offiziere kennt kunstvolle Abstufungen. Sie reichen von der hyperbolischen Grobheit und Roheit eines Haudy oder Rammler bis zu Desportes' schmieriger Komplimentiersprache, aber auch bis zu den vergleichsweise gemäßigten Tönen Marys, während der versponnene Philosoph Pirzel seine Denkkapriolen im parodierten Ton metaphysischer Spekulation schlägt. Dazu kommt der besonnene, zuletzt unversehens in utopisches Pathos führende Sprachgestus des Obristen Graf von Spannheim, aber auch der kernige Predigerton, den Eisenhardt bei seinen Diskussionen mit den Offizieren aufklingen läßt.

– Vielfalt der Sprachschichten

Ständisch geprägte Stilebenen stoßen in diesem Drama in jeweils individueller Färbung aufeinander, wobei freilich der Graben, der den Adel von der bürgerlichen Welt trennt, immer spürbar bleibt. Spürbar bleibt er gerade auch dann, wenn Mariane (wie Walter Höllerer am Beispiel der Szene II, 3 herausgearbeitet hat) sich in Sprachschichten versteigt, die ihr eigentlich nicht zu-

– Wechsel von Sprachebenen

kommen, und gerade darin ihre naive Großmannssucht zu erkennen gibt, ohne sie direkt auszusprechen. Schlagartig wird der Absturz aus allen hochgeschraubten Prätentionen in Szene III, 3 deutlich, wenn sie auf Jungfer Zipfersaats Nachricht vom Fortlaufen Desportes' aus der zuvor gewählten gespreizten Anredeform („Warum hat Sie sich nicht gesetzt?") in die normale Anrede zurückfällt und entsetzt fragt: „Was redst du da?"

Gegenüber dem „Hofmeister" ist Lenz in den „Soldaten" eine gesteigerte Ausdrucks- und Wandlungsfähigkeit der Sprache gelungen. Noch differenzierter ist sie Ausdrucksmittel der Gefühle, und zwar der jäh ausbrechenden wie der verborgenen, der echten wie der vorgegebenen. Bei der Gräfin La Roche etwa, die objektiv dazu beiträgt, Mariane aus der Adelswelt (und speziell vom jungen Grafen) wegzudrängen, und dies aus einer kaum bestimmbaren Mischung menschenfreundlicher und eigensüchtiger Motive tut, herrscht der den Zeitgenossen bekannte, von modischer Rührseligkeit nicht ganz freie Sprachton philanthropischer Empfindsamkeit vor; bei Stolzius' „Lapidarstil" verbergen sich die mühsam gestauten, zuletzt tödlich ausbrechenden Emotionen unter einer sprachlichen Oberfläche von ausdrucksgeladener Schlichtheit.

– Gräfin: Ton der Empfindsamkeit

Die Kraftströme, die der Pfarrersohn und Theologe Lenz in diese Sprache einfließen läßt, verweisen immer wieder auf das Vorbild der Lutherbibel. Ihr elementarer volkstümlicher Ton, aber auch die urtümliche Wucht ihrer syntaktischen Parallelismen prägen besonders Stolzius' Sprache in seiner letzten Phase: „Und müssen denn die zittern, die Unrecht leiden und die allein fröhlich sein, die Unrecht tun!" (Szene IV, 11) Hier brechen noch im letzten seelischen Stadium tödlicher Verirrtheit religiöse Denk- und Sprachmodelle durch, bis hin zum fast blasphemischen Anspruch, den der sterbende Stolzius in seinem letzten Satz erhebt: „Gott kann mich nicht verdammen" (Szene V, 3). In anderen Szenen wirken weitere volkstümliche Sprachkräfte,

– Stolzius: Lapidarstil/ Sprichwort/ Volkslied/ Bibelsprache

etwa der Erfahrungs- und Formulierungsschatz des Sprichworts, mit dem Stolzius in Szene III, 2 seine Ahnungen verbalisiert: „Ein Tag ist wie der andere, was nicht heut kommt, kommt morgen, und was langsam kommt, kommt gut." Und schließlich greift Lenz nicht nur mehrfach in sprachlichen Anklängen, sondern in der großen Szene II, 3 auch szenisch in die Vorstellungswelt des Volkslieds, in der – hier im ahnungsvollen Lied der Großmutter – die Obertöne der Handlung assoziativ weitergespielt werden.

Mundartliche Färbung

Wegen ihrer kontrastreichen Vielfalt und mangelnden Stilisierung ist die Sprachgestalt der Lenzschen Dramen in der Zeit der gängigen Mißachtung des Autors oft als Indiz einer künstlerischen Unfertigkeit und Roheit verstanden worden, dies auch im Hinblick auf die gelegentlichen mundartlichen Färbungen (Wesener etwa in Szene I, 3: „Einer ist so gut wie der andere, lehr du mich die jungen Milizen nit kennen. Da laufen sie in alle Aubergen und in alle Kaffeehäuser und erzählen sich und eh man sich's versieht, wips ist ein armes Maidel in der Leute Mäuler."). Aber gerade in den stärksten, am besten gelungenen Partien der Dramen ist diese nur scheinbar unkontrollierte Fülle der Töne am konsequentesten verwirklicht - und nicht etwa zurückgenommen. Erst im Jahr 1755 war mit Gotthold Ephraim Lessings bürgerlichem Trauerspiel „Miss Sara Sampson" die Bürgerwelt in den Darstellungsbereich der ernsthaften Dramatik in Deutschland eingedrungen. Dieses Werk ist noch ganz vom Ton der „papierenen Empfindsamkeitssprache" (Gerhard Kaiser: Von der Aufklärung bis zum Sturm und Drang. Gütersloh 1966, 56) beherrscht. Selbst das Kind Arabella argumentiert hier als unbeschreiblich altkluge und spitzfindige Rationalistin. Die scheinbar ungebändigte, in Wahrheit hochdifferenzierte Fülle von Sprachtönen und Nuancen bei Lenz markiert demgegenüber, nur zwanzig Jahre später, einen staunenswerten Fortschritt in der sprachlichen Annäherung an die soziale Wirklichkeit der Zeit.

Lenz' „natürliche" Sprache

Entstehungs- und Textgeschichte

Zeittafel

1751 Jakob Michael Reinhold Lenz wird am 23. Januar (12. Januar nach russischer Zeitrechnung) in Seßwegen in Livland geboren.

1759 Die Familie übersiedelt nach Dorpat, wo Lenz' Vater eine neue Stelle als Oberpastor erhält.

1768 Lenz beginnt auf Gebot seines Vaters sein Studium der Theologie in Königsberg. Erste Entwürfe zum „Hofmeister" entstehen.

1771 Lenz bricht sein Studium ab und reist als Begleiter der Barone von Kleist nach Straßburg. Dort erhält er Zugang zu dem Literaturkreis um den Aktuar Salzmann und lernt hier Goethe kennen. Ende des Jahres beginnt er mit der Arbeit an der handschriftlichen Fassung des „Hofmeister".

1772 Lenz vollendet die Niederschrift des „Hofmeister", während er sich mit den Baronen von Kleist, die in Militärdienste getreten sind, in Straßburg, Fort Louis und Landau aufhält und Eindrücke vom Treiben des Militärs erhält. Im Oktober sendet Lenz das Manuskript des „Hofmeister" über Salzmann an Goethe, der einen Verleger dafür findet.

1774 „Der Hofmeister" erscheint in der Weygandschen Buchhandlung und erregt großes Aufsehen. Das Werk wird durch Wieland im „Teutschen Merkur" kritisch, durch Schubart in der „Deutschen Chronik" enthusiastisch rezensiert. Zugleich Lenz' dramentheoretische Schrift „Anmerkungen übers Theater". Die Brüder von Kleist verlassen Straßburg; Lenz bleibt, lebt als freier Schriftsteller und von Sprachunterricht. Er verkehrt bei der Juwelierstochter Susanne Cleophe Fiebich.

1775 Lenz stellt die handschriftliche Fassung der „Soldaten" fertig und übersendet sie an J. G. Herder. Er reist mit Goethe zu dessen in Emmendingen mit Schlosser verheirateter Schwester Cornelia. Goethe folgt dem Ruf nach Weimar.

M. Claudius veröffentlicht eine zustimmende Rezension des „Hofmeister“ im „Wandsbecker Boten“.

1776 „Die Soldaten“ erscheinen im Druck; Lenz verfaßt seine Schrift „Über die Soldatenehen“. Er entschließt sich, Goethe nach Weimar zu folgen, kommt dort am 2. April an, muß jedoch nach Streitigkeiten mit Goethe am 1. Dezember die Stadt verlassen.

1777 Nach Aufenthalten in Baden und in der Schweiz setzt Lenz' Geisteskrankheit, eine Form der Schizophrenie, ein.

1778 Lenz hält sich vom 20. Januar bis 8. Februar bei Pfarrer Oberlin in Waldersbach im Elsaß auf, im Sommer in der Obhut Schlossers in Emmendingen und Weisweil. In Hamburg findet die Uraufführung des „Hofmeister“ durch F. L. Schröder in stark bearbeiteter Fassung statt.

1779 Lenz wird durch seine jüngeren Brüder nach Riga zurückgebracht.

1780 Versuche, in St. Petersburg Anstellungen zu finden, scheitern.

1781 Im Sommer geht Lenz nach Moskau, wo er als Hofmeister und an öffentlichen Schulen tätig ist und von Gönnern unterstützt wird.

1792 Lenz wird am 4. Juni (24. Mai nach russischer Zeitrechnung) in Moskau erfroren auf der Straße gefunden.

1839 Georg Büchners Erzählung „Lenz“ (über den Aufenthalt bei Oberlin und in Anlehnung an dessen Bericht) erscheint.

1863 „Die Soldaten“ werden in der Bearbeitung E. von Bauernfelds am Wiener Burgtheater erstaufgeführt.

1911 „Die Soldaten“ werden durch A. Kutscher in München aufgeführt.

1916 „Die Soldaten“ werden durch M. Reinhardt mit großem Erfolg in Berlin aufgeführt.

1950 Bertolt Brecht bringt mit dem Berliner Ensemble seine Bearbeitung des „Hofmeister“ auf die Bühne.

1965 Bernd Alois Zimmermanns Oper „Die Soldaten“ wird in Köln uraufgeführt.

1968 Heinar Kipphardts Bearbeitung der „Soldaten“ wird in Düsseldorf uraufgeführt.

Textfassungen

„Der Hofmeister":

„Der Hofmeister" existiert in zwei Fassungen, nämlich in der handschriftlichen Fassung des Autors, die sich heute in der Sammlung Preußischer Kulturbesitz (SPK) in Berlin (West) befindet, und in der des Erstdrucks, der 1774 in der Weygandschen Buchhandlung in Leipzig herausgebracht wurde.

Die beiden Fassungen unterscheiden sich in verschiedener Hinsicht:

– Handschrift und Druckfassung

1) In der Handschrift gibt Lenz seinem Werk die originelle Gattungsbezeichnung „Lust- und Trauerspiel", während es im Druck konventioneller als „Eine Komödie" bezeichnet wird.
2) In der Handschrift verwendet Lenz noch die Namen der realen Vorbilder seiner Dramenfiguren, die er dann größtenteils für die Druckfassung geändert hat. Lediglich die Namen von Berg, Pätus und Bollwerk hat er auch in die Druckfassung übernommen.
3) Es gibt geringfügige Abweichungen in der Szeneneinteilung; Lenz hat die Dialoge für die Druckfassung gestrafft. Was in der Handschrift deutlicher erklärt wird (etwa der Verweis auf Abaelard in Szene II, 5), ist im Druck eher zur Andeutung reduziert. Einige drastische Stellen sind weggelassen, so etwa in II, 5 Läuffers letzter Satz: „Du mußt deinen Mund ein wenig schwängen, Gustchen, du fängst wieder an erschrecklich zu riechen.")

„Die Soldaten":

Auch „Die Soldaten" sind in zwei Fassungen erhalten, nämlich in der Handschrift des Autors, die sich wie das Manuskript des „Hofmeister" in der Sammlung Preußischer Kulturbesitz (SPK) in Berlin befindet, und in der Fassung des von Herder vermittelten Erstdrucks, der 1776 in Leipzig bei Weidmann Erben und Reich erschienen ist.

Die beiden Fassungen unterscheiden sich geringfügig:

– Handschrift und Druckfassung

1) Aus der Handschrift ist die 1. Fassung der Schlußszene entnommen, aus dem Erstdruck die

2. Fassung, die auf Herders Rat eine Umakzentuierung des ‚Reformvorschlags' vornimmt.

2) Der Name der weiblichen Hauptfigur ist im Erstdruck von „Mariane" zu „Marie" umgeändert (diese letztere Namensform verwendet dann auch Büchner für die weibliche Hauptfigur des „Woyzeck").

3) Verschiedene Eigentümlichkeiten von Lenz' Sprachstil sind im Erstdruck beseitigt oder gemildert. Da hierdurch der künstlerische Ausdruck zum Teil abgeschwächt wird, kommt wohl der Handschrift die höhere Authentizität zu. Daß die Änderungen von Lenz selbst stammen, ist nicht beweisbar. Die Herausgeber entscheiden sich teils für die Handschrift (Titel, 1967 – Damm, 1987), teils für den Erstdruck (McInnes, 1977).

Zur Wirkungsgeschichte

Werke und Leben von Jakob Michael Reinhold Lenz haben eine merkwürdige, nur diesem Autor eigentümliche Wirkungsgeschichte durchlaufen; eine Wirkungsgeschichte, die von langen Phasen der Mißachtung und von kurzen, aber immer wiederkehrenden Episoden neu erwachenden Interesses geprägt ist. Von einer dauerhaften Beachtung des Autors kann erst seit der Relativierung der klassisch-idealistischen Ästhetik, also seit wenigen Jahrzehnten die Rede sein. Bis heute ist das Bewußtsein von seiner Bedeutung nur ansatzweise zu einem breiteren Publikum vorgedrungen.

Urteile von Zeitgenossen

Gleich mit einem Mißverständnis tritt Lenz in das literarische Bewußtsein seiner Zeit ein. „Der Hofmeister", der gleich bei seinem (nach damaligem Brauch anonymen) Erscheinen stark beachtet wird, gilt zunächst einmal, im Kielwasser der Begeisterung für den „Götz von Berlichingen", als Werk Goethes. So klingt es noch ganz selbstverständlich aus der enthusiastischen Rezension Ch. Fr. D. Schubarts in der „Deutschen Chronik auf das Jahr 1774":

Schubarts Rezension des „Hofmeister" (1774)

> „Ich kann's allen aufgeklärten Deutschen zumuthen, daß sie diese neue ganz eigenthümliche Schöpfung unsers Shakespears, des unsterblichen Dr. Göthe, schon werden gelesen, empfunden, angestaunt haben. Kann's ihnen auch zumuthen, daß sie keinen Cicero brauchen, der ihnen die göttliche Natur dieses deutschen Torso anatomire. Aber dir, Landsmann Schwabe! und dir, Nachbar Bayer! muß ich dieß Werk vorlegen, mit der Faust draufschlagen, und dir sagen:

Da schau und lies! Das ist 'mal ein Werk voll deutscher Krafft und Natur. So must dialogiren, die Situationen anlegen, die Charaktere bearbeiten, wenn du ein ächter Deutscher seyn – wenn du auf die Nachwelt kommen willst." (Erste Beylage/Monat August 1774, 4)

Neben diesem Lobpreis im echten Sturm-und-Drang-Ton werden aber auch bei vielen Zeitgenossen deutliche Vorbehalte gegenüber den Gewagtheiten des Stücks laut. So etwa bei Christoph Martin Wieland im „Teutschen Merkur", der einzelne Qualitäten vorsichtig anerkennt, aber doch die Verstöße gegen die formalen Konventionen mißbilligt:

Wielands Rezension des „Hofmeister" (1774)

„In der Mannigfaltigkeit der Charactere, in ihrer Entwicklung, in der Wahrscheinlichkeit und dem Anschauenden der Gesinnungen hat sich dieser Dichter als ein nicht gemeiner Kenner der Natur bewiesen. (...) – Hätte er doch, ein gleich großer Kenner der Natur und Kunst, beyde auch immer unzertrennlich mit einander verbunden! Aber so vermißt man zuweilen bey der Natur die Kunst, und bey der Kunst die Natur. (...) Um der Kunst willen, das heißt, um ein Stück, das einmal nicht Trauerspiel seyn sollte, nicht tragisch zu enden, ist die Entwicklung unnatürlich übereilt worden. Aussöhnungen, Verzeihungen, Wiedervereinigungen, Lotterien, Heyrathen folgen Schlag auf Schlag, so viele Schwierigkeiten allen diesem entgegenstanden. Am unnatürlichsten und übereiltesten ist des Hofmeisters Schicksal." (Gesammelte Schriften, Berlin 1939, XXI, 400f.)

Anders als „Der Hofmeister" haben „Die Soldaten" die zeitgenössische literarische Welt im Lob wie im Tadel überraschenderweise kaum beschäftigt. Dabei ist dieses Stück immerhin künstlerisch noch konsequenter. Es gibt dazu, über einige briefliche Äußerungen der Freunde und Eingeweihten hinaus, eine einzige Rezension, die 1777 im „Almanach der deutschen Musen" erschien, und erst 1863 fand das Werk den Weg auf die Bühne, noch dazu in der verflachenden Wiener Bearbeitung Eduard von Bauernfelds, die den für die mangelnde Seriosität dieser Version bezeichnenden Titel „Soldatenliebchen" trägt.

In der Folge gerät Lenz rasch in Vergessenheit, und bei seinem Tod 1792 dürfte der Ton des kurzen Nachrufs in der „Allgemeinen Literaturzeitung“ so ziemlich die Stimmungslage des Publikums getroffen haben:

Nachruf der „Allgemeinen Literaturzeitung“

> „Er starb, von wenigen betrauert, und von keinem vermißt. Dieser unglückliche Gelehrte verlebte den besten Teil seines Lebens in nutzloser Geschäftigkeit, ohne eigentliche Bestimmung (...).“

Damit ist der Weg der künftigen Mißachtung beschritten. Im 14. Buch von „Aus meinem Leben. Dichtung und Wahrheit“ faßt dann der alternde Goethe bündig zusammen, wie das Urteil der Nachwelt auszusehen hat. Über die Anerkennung „wahrhafter Tiefe“ und „unerschöpflicher Produktivität“, aber auch über entgegengehaltene persönliche Ressentiments stößt er zu einem abweisenden Gesamturteil vor:

J. W. von Goethes Urteil

> „Lenz jedoch, als ein vorübergehendes Meteor, zog nur augenblicklich über den Horizont der deutschen Literatur hin und verschwand plötzlich, ohne im Leben eine Spur zurückzulassen (...).“

Von da an gilt Lenz als minderwertiger Nachahmer Goethes, dessen Werke überhaupt nur im Hinblick auf den Weimarer Klassiker und als Kontrastbilder der Unausgegorenheit zu dessen Reife und Abgeklärtheit interessieren. Noch der romantische Dichter und Literat Ludwig Tieck kann sich dieser Sichtweise nicht entziehen. Immerhin ist Tiecks Ausgabe der Lenzschen Werke von 1828 schon deshalb verdienstvoll, weil sie die Aufmerksamkeit Georg Büchners auf Lenz lenkte und damit nicht nur dessen berühmte Erzählung „Lenz“, sondern auch die Weiterführung des Lenzschen Dramenstils im „Woyzeck“ ermöglichte. Tieck nennt seine einleitende Studie zur Ausgabe sehr bezeichnend „Göthe und seine Zeit“. In dieser Studie verteilt er kontroverse Meinungen über Lenz’ Kunstleistung auf fiktive Sprecher wie den ‚Historischen‘, den ‚Paradoxen‘, den ‚Ketzer' und andere. Wie schon frühere Kritiker folgt er der Sprachregelung, daß das problematische oder gar mißlungene Lenzsche Gesamtwerk einzelne bedeutende Züge oder Stellen aufweise; so etwa beim „Hofmeister":

L. Tieck: Goethe und seine Zeit (1828)

> „Es ist nicht zu verkennen, sagte der Historische, daß das Schauspiel durch Kraft und grelle Farben, durch Wahrheit und ergreifenden Schmerz, selbst durch das, was wir häßlich darin nennen müssen, interessirt. Es sinkt nie bis zur weichlichen Schwäche so mancher neueren Familiengemälde herab, es erhebt sich aber auch niemals so, daß uns das gemeine Bedürfniß des Lebens aus den Augen gerückt würde, und so winseln die wahrhaft schönen und zarten Stellen und Gesinnungen fast wie die verirrten Kinder im kalten Walde, und die Scenen, die an das Große und Furchtbare streifen, können das kümmerliche Leben so mancher andern nicht vergüten. Der Humor, der fast alles durchdringt und durch sein geistreiches Lächeln die Mienen der Handelnden erheitert, wird bei der Hauptsache, um die sich das ganze Schauspiel doch dreht, völlig vermißt.
> Und diese wäre? fragte der Paradoxe.
> Eben, erwiderte jener, die Dogmatik oder Polemik über und gegen die Hofmeisterei. Dadurch gibt sich der Komödiendichter die Miene eines Lehrdichters und scheint Leiden, Freuden und seltsame Abenteuer, barocke Figuren, Wahrheit und Thorheit fast nur in seine bunte Tapete verwebt zu haben, um am Ende einen trivialen Satz, der sich eben so von selbst versteht, wie er in dieser Allgemeinheit unrichtig ist, zu illustriren." (Ausgewählte kritische Schriften, Tübingen 1975, 119)

Lenz-Rezeption im 19. Jahrhundert

Spürbar ist bei Tieck besonnene Abwägung, auch wenn die Vorbehalte deutlich zum Ausdruck kommen. Auf ähnlich hohem Niveau der Betrachtung steht eine kurze Analyse des „Hofmeister" und der „Soldaten", die der realistische

Dramatiker Friedrich Hebbel 1839 in seinem Tagebuch festhält. Hebbels Kritik am „Hofmeister“ gilt vor allem der wuchernden Zufälligkeit, die für ihn das Stück bestimmt:

F. Hebbels Tagebuchnotiz (1839)

> „Poetische Charaktere werden zusammengeführt, damit sie sich durcheinander entwickeln und ineinander abspiegeln und so gemeinschaftlich ihr bedingendes endliches Schicksal erzeugen. Hierin liegt das Geheimnis der künstlerischen Komposition (...). Die Menschen im Hofmeister stehen aber keineswegs in einem wahlverwandtschaftlichen Verhältnis, sie finden sich zusammen, wie König und Dame und Bube im Kartenspiel zusammenkommen, und ihr Schicksal ist dann am Ende auch ein Kartenschicksal, eine rohe willkürliche Kombination des Zufalls.“ (Werke, München 1966, IV, 269)

Daneben kritisiert Hebbel vor allem die Erbärmlichkeit der Zentralfigur Läuffer, die ihm zu nichtig scheint, um das bleibende Interesse des Zuschauers zu fesseln. Auf dieser Ebene liegt auch sein Einwand gegen die „Soldaten“, in denen Hebbel eine „höhere Bedeutung der verführten Marie“ vermißt:

> „Eine große erschütternde Idee liegt dem Stück zum Grunde, aber sie wird durch dies gemeine sinnliche Mädchen zu schlecht repräsentiert. Dies Geschöpf taugt nur zur Hure, was zwar nicht den Offizier rechtfertigt, der sie dazu macht, aber doch das Schicksal, welches es geschehen läßt. (...) Marie erweckt zwar unser Mitleiden, denn dies ist ein Tribut, den unser Herz auch dem bloßen Leiden, dem Leiden an und für sich bewilligt, aber ihr Unglück bringt keine tragische Rührung in uns hervor (...).“ (Werke, München 1966, 268f.)

Gerade das letzte Argument zeigt, wie Lenz hier, bei aller geistreichen Formulierungskraft, an ungemäßen Maßstäben gemessen wird, nämlich denen der Tragödie!
Das Herausstellen der tragischen Elemente und der Leidensgeschichten, die in Lenz’ Werken aufgehoben sind, kennzeichnet auch die nächste Etappe der Wiederentdeckung. Sie verbindet sich

mit den Autoren des Naturalismus, die gerade auf dem Gebiet des Dramas den idealisierenden und ästhetisierenden Tendenzen der Klassiker mißtrauten, denen daher die ungeschminkte Gesellschaftskritik der Lenzschen Werke als eine Vorwegnahme des eigenen Wollens erscheinen mußte. Bezeichnend ist die Stimme des jungen Max Halbe. Er würdigt die wirklichkeitsnahe, lebendige Menschendarstellung bei Lenz. Ihm stellt sich in seiner Studie von 1892 das Problem, wie mit den eher zeitbedingten Erziehungs- und Gesellschaftstheorien in Lenz' Stücken zu verfahren sei, und er schlägt für die „Soldaten" eine klare Lösung vor:

Autoren des Naturalismus

> „Trotzdem fällt die dramatische Stillosigkeit hier nicht so verletzend in die Augen, weil sie eigentlich nur lose am Schluß angehängt und nicht so untrennbar in das Ganze verwoben ist, wie etwa im ‚Hofmeister'. Läßt man daher Pietätsgründe beiseite und schneidet das Stück mit dem erschütternden Wiedersehen von Vater und Tochter ab, so steht man vor einer einheitlichen, überwältigenden, naturalistischen Tragödie, wie wir deren nicht viele in unserer Litteratur besitzen." (Der Dramatiker Reinhold Lenz. In: Die Gesellschaft 8, 1892, 581)

M. Halbes Würdigung (1892)

Läßt sich über solche Urteile immerhin diskutieren, so herrscht in der Literaturwissenschaft des späteren 19. Jahrhunderts und der Jahrhundertwende trübe Ideologie vor. Pseudoidealistische Voreingenommenheit und Ressentiments der Goetheverehrung bestimmen das Bild. Ein typisches Urteil stammt von Otto von Leixner, der das alte Klischee von den einzelnen gelungenen Zügen in seiner höhnischen Aburteilung des „Hofmeister" wiederbelebt:

> „Einzelne Menschen, wie der alte Major, der Schulmeister, sind im Kerne lebensvoll, wenn auch nur mit groben Zügen gezeichnet; hier und da blitzt etwas auf, was unbestreitbar Talent ist, aber nichts ist vollendet: statt klarer Empfindung wird oft empörende Rohheit geboten, an Stelle der künstlerischen Freiheit tritt Zügellosigkeit, an Stelle schlichter Wahrheit verzerrte

O.v. Leixners Ablehnung (1899)

> unkünstlerische Wirklichkeit; das feinere Gefühl wird wie mit Absicht verhöhnt." (Geschichte der Deutschen Litteratur. Leipzig, 5. Auflage 1899, II, 572)

Entsprechend bleiben von den „Soldaten" für Leixner vor allem „viele unsagbar schmutzige Szenen" (a.a.O.) erwähnenswert. – Urteile, die allzu deutlich von der damaligen Vorliebe für glatten Klassizismus gefärbt sind, um ernstgenommen zu werden!

Neuere literaturwissenschaftliche Forschungen

Erst in der Zeit nach dem 2. Weltkrieg leitet dann Bertolt Brechts wegweisende Bearbeitung des „Hofmeister" die neuerliche Beschäftigung der Bühnen mit Lenz' Dramen ein, und von den späten fünfziger Jahren an gelangt die Literaturwissenschaft zu einer neuen, von den alten Vorurteilen freien Sicht der beiden Hauptwerke. 1958 erscheinen die grundlegenden Interpretationen des „Hofmeister" von Albrecht Schöne und der „Soldaten" von Walter Höllerer.
Schönes eindringliche Studie steht unter dem Rahmenthema „Säkularisation als sprachbildende Kraft", beschäftigt sich also mit literarischen Zeugnissen der Verweltlichung ursprünglich religiöser Werte und Vorstellungen. Schöne zeigt hinter den vielbeschworenen Zufälligkeiten in der Handlungsführung des „Hofmeister" die geheime, aber bei näherem Hinsehen eben doch offenbare Gesetzlichkeit (vgl. S. 46f.):

Albrecht Schöne: Wiederholung der exemplarischen Begebenheit (1958)

> „Leben, Selbstverständnis der eigenen Person und ihrer Existenz auf der einen Seite – und andererseits das dichterische Werk enthüllen sich so als Umsetzung, Übertragung, als Säkularisation der biblischen Parabel vom verlorenen Sohn. (...) Die in sich selber beispielhafte, die gleichsam archetypische Begebenheit setzt sich

> durch und pflanzt sich fort in einer Fülle von Variationen des gleichen Typus (...) – und doch mit einer Form- und Bedeutungskraft, die sich, wie der „Hofmeister“ zeigt, bis zum zentralen, strukturbestimmenden Gestaltungsprinzip erheben kann.“ (Schöne 1958, 137)

Am Beispiel der „Soldaten“ macht im selben Jahr Walter Höllerer deutlich, worin konkret Lenz' bedeutsamer Beitrag zum künftigen sozialen Drama besteht, nämlich in der neuen Sprache der zentralen Figuren. Der literaturgeschichtliche Ort dieser Sprache im Kräftefeld zwischen Aufklärung, Empfindsamkeit und Sturm und Drang wird hier erstmals klar bestimmt:

Walter Höllerer: Die Soldaten (1958)

> „Diese Sprache, in der jedes Wort eine vom Rhythmus angewiesene Stelle hat, in der kein Wort weggelassen werden kann, ohne den feinst nuancierten Sinn, der sich in Sprache ausdrückt, zu verändern, ist aber ohne die vorhergegangene Sprache der Geniesphäre nicht gut denkbar, auch nicht ohne die Schwingungen, die die Empfindsamkeit der deutschen Sprache hinzugefügt hat, und nicht ohne die scharfen und fest umreißenden Prägungen des Rationalismus. (...) Lenz hat der deutschen Sprache die Möglichkeit zu neuen Sprachgesten hinzugefügt und hat in diesen Sprachgesten Einsichten, Ideengut und Gefühlswerte seines Jahrhunderts so ausgedrückt, daß seine Szenen für die folgenden Jahrhunderte zu Anfängen werden konnten. In dem Vorgang, eine ungeschriebene Dichtung, die nur ihm vorhanden war, geschrieben zu machen, in diesem verlustreichen Geschäft rettete er für das deutsche Drama einiges bis ins Formulierte hinein.“ (Höllerer 1958, 138f.)

Von hier aus ist der Weg frei für eine neue Würdigung dessen, was dieser scheinbar gescheiterte Autor in der deutschen Literatur bedeutet. Volker Klotz greift in seiner wichtigen typologischen Darstellung „Geschlossene und offene Form im Drama“ von 1960 ganz selbstverständlich immer wieder auf Lenz' Stücke zurück, um die Eigenart der offenen Form zu belegen. Hans Mayer, der den grundlegenden Begleitessay zu der Lenz-Ausgabe von Britta Titel und Hellmut Haug verfaßt hat, sieht Lenz geradezu als den potentiellen Gegenspieler zur deutschen Klassik:

Hans Mayer: Lenz oder die Alternative (1967)

„Lenz ist ein großer Sonderfall in der deutschen Literaturgeschichte. Das macht: im Gegensatz zu Goethe und Schiller oder auch Klinger ‚überwindet' er nicht die Sturm- und Drangphase, sondern zerbricht an ihr. Seine Komödien vermochte er in schlimmer Eintracht ausklingen zu lassen, aber sein eigenes Wirken als Schriftsteller blieb weit entfernt von dem, was Karl Marx später, indem er den klassischen deutschen Idealismus zu kennzeichnen suchte, den „Übergang von der platten in die überschwengliche Misere" genannt hat. (...) Nichts in dem von ihm hinterlassenen Werk spricht dafür, daß auch er an der Idealisierung der deutschen Wirklichkeit, am Konzept einer ästhetischen Erziehung des Menschen, mitgearbeitet hätte. (...) Vielleicht war in Jakob Michael Reinhold Lenz die wirkliche *Alternative* zur Weimarer Klassik möglich. Aber sie ist nicht Wirklichkeit geworden." (Nachwort zu Titel 1966, II 1967, 822f.)

Ein Jahr später bestimmt Helmut Arntzen Lenz' zwiespältige Haltung zur traditionellen Komödie, wie sie etwa Molière vertritt, näher und stellt die Verbindung zur gesellschaftskritischen Absicht und zur gewollt bizarren Form her:

Helmut Arntzen: Die ernste Komödie (1968)

„Im Dramaturgischen des Stückes wird die verkehrte Beziehung von Individuum und Gesellschaft als Isolierung aller reflektiert: die Szenen folgen nicht eigentlich aufeinander und auseinander, sondern sie stehen nebeneinander, sie sind scheinbar isolierte Szenen, in deren raschem Wechsel ihr Zusammenhang sichtbar wird als die Parodie des Welttheaters in Shakespeares Stücken: überall gibt es das gleiche Elend. Etliche Szenen sind vertauschbar, andere ganz vom Gang der Handlung gelöst, aber dieses wie jenes vermittelt etwas vom Gehalt: das Lächerliche ist nicht mehr das unvernünftige Verhalten Einzelner innerhalb eines vernünftigen Ganzen, es kennzeichnet vielmehr den Gesamtzustand. (...)

Der Komödienkonflikt artikuliert sich nicht mehr im Gegensatz des einen Unvernünftigen zu der vernünftigen Gesellschaft: die Vernünftigen sind so isoliert wie die anderen, und ihre Ver-

> nunft ist abstrakt und darum wirkungslos für die anderen wie für sie selbst. Die Unvernünftigen gerade sind überall: so spielt sich der Konflikt nicht allein zwischen, sondern in allen ab." (Die ernste Komödie, München 1968, 87ff.)

Damit und mit den vielen seither erschienenen Arbeiten, die die neueren grundsätzlichen Einsichten vertiefen und weiterverfolgen (manchmal auch nur wiederholen), ist die Beachtung des Dramatikers Lenz auf eine neue Stufe gehoben. Zugleich aber erweist sich die anregende Kraft, die von seiner Person und seinem Werk ausgeht, auch darin, daß er – wie schon in Büchners großer Erzählung „Lenz" vor mehr als anderthalb Jahrhunderten – selbst immer wieder zum Thema fiktionaler Gestaltungen wird und daß seine großen Dramen zum Gegenstand bedeutender Werke der „produktiven Rezeption" geworden sind.

Produktive Rezeption

Unter den zahlreichen Werken, in denen sich Literaten und Künstler mit dem Werk des Jakob Michael Reinhold Lenz beschäftigt haben, sind vor allem zwei Bühnenbearbeitungen des „Hofmeister" und der „Soldaten" und ein Schlüsselwerk des modernen Musiktheaters von bleibender Bedeutung. Weit entfernt davon, das jeweilige Originalstück ‚ersetzen' zu wollen, stellen sie produktive Ergänzungen und Umdeutungen aus historischem Abstand dar.

Brechts Bearbeitung des „Hofmeister"

Zusammenhang mit der Theaterpraxis

Brecht hat den „Hofmeister" im Rahmen seiner heute schon legendären Theaterarbeit mit dem von ihm aufgebauten (Ost-) „Berliner Ensemble" bearbeitet; die Uraufführung dieser Fassung fand nach etwa halbjähriger Vorarbeit am 15. April 1950 im Deutschen Theater statt. Noch während der Proben wurden laufend Änderungen, die aus der praktischen Theaterarbeit entstanden, in den Text eingearbeitet, und zugleich wurde dieser intensive Umformungsprozeß dokumentiert in Texten, Fotos und anderen Materialien bis hin zu handwerklichen Berichten über den Umgang mit den einzelnen Szenen. So entstand im Wechselspiel von Textentwurf, Regiekonzept und praktischer Erprobung eines der hinreißendsten Zeugnisse schöpferischen Umgangs mit dem historischen Erbe in der Geschichte des europäischen Theaters.

Brechts Intention

All das fügt sich ein in ein großes, politisch ebenso wie künstlerisch ambitioniertes Theaterkonzept, mit dem Brecht eine sozialistische Bühnenkultur zu begründen versucht. Er will zugleich die auf sie vorausweisende und zu ihr hinführende, durch den Einfluß bürgerlich-klassizistischer Denkweisen verschüttete literarische Tradition aufdecken. Deren Wurzel sieht er in Lenz' sozialer Dramatik. Brecht schreibt dazu:

> „Die bedeutenden realistischen Anfänge müssen wieder etabliert werden. Das Theater muß zurückgehen zu diesem Punkt, um vorwärtszukommen, d.h. um einen realistischen Stil der großen Gegenstände zu erarbeiten – haben wir doch den großen Stil eben nur für die idealistischen Werke überliefert bekommen!" (Briefe. Frankfurt 1981, 638)

Umfunktionierung statt Restaurierung

Brecht will also Lenz' problematisches Werk nicht innerhalb seiner eigenen Voraussetzungen ‚korrigieren', sondern er will es umfunktionieren und – aus dem zeitlichen und bewußtseinsmäßigen Abstand von fast zwei Jahrhunderten – für die entstehende sozialistische Theaterarbeit in Anspruch nehmen. Der Rückgriff auf Lenz ist nicht Ziel, sondern Ausgangspunkt seiner Arbeit. Daraus ergeben sich tiefgreifende Verschiebungen der inhaltlich-ideologischen und theatertechnischen Akzente.

Intensivierung der gesellschaftskritischen Sicht

Auf der inhaltlichen Ebene nimmt Brecht die bei Lenz schon vorhandene kritische Sicht der ständischen Gesellschaft des 18. Jahrhunderts mit ihrem schroffen Gegensatz zwischen Adel und Bürgerlichen auf. Er verschärft diese Sicht entscheidend, indem er die bei Lenz hier und da vorhandenen, aus Andeutungen erschließbaren und ins Skizzenhafte verlaufenden kritischen Momente konsequent aufeinander bezieht und so ein randscharfes Bild der schlimmen gesellschaftlichen Verhältnisse herstellt.

Viele einzelne Zusätze Brechts im Dialog gewinnen von hier aus ihren Sinn. In Szene II, 8 weist etwa der Geheime Rat Läuffers verzweifelte Bitte um ein Pferd mit der Antwort ab: „Mein Bruder bekommt für seine Ökonomie nicht Ackergäule, und da will Er von ihm einen Gaul für Seine Ausschweifungen!" Später in Szene III, 11 tritt der Major im „kotigen Rock" auf und quittiert die Klagen seiner Frau, daß er „täglich wie ein Maulwurf auf dem Felde wühlt“, mit der Begründung, „daß ein Krieg bezahlt sein muß“. Damit wird dem fassadenhaften gesellschaftlichen Anspruch der faktische Ruin durch die Kosten des Siebenjährigen Kriegs entgegengehalten. Konsequenter als bei Lenz wird der Zuschauer zu der Diagnose geführt, daß die Majorsfamilie gar nicht anders kann, als Läuffer zu den schäbigsten Bedingungen als Hofmeister zu halten. Ausbeutung wird entlarvt als notwendige Konsequenz einer nach innen inhumanen, nach außen aggressiven Gesellschaftsordnung!

Funktionalisierung der Studentenszenen für das kritische Bild der Gesellschaft

Ähnlich verfährt Brecht mit den Studentenszenen, die bei Lenz in lockerer Verbindung zur Handlung um Gustchen und Läuffer gehalten sind und vor allem Fritz' Ausbleiben motivieren und mit Farbe füllen. Bei Brecht fügt sich auch die Darstellung dieses Aspekts in das Gesamtbild vom Elend der intellektuellen Stände als reichlich ironische, die Momente der Beschränkung hervorkehrende „Darstellung des freiheitlichen Zugs, herrschend in den Universitätsstädten der Zeit“. Brecht hält fest: „Selbst die Zotenreißerei Bollwerks hat eher den Charakter des ‚Sich-grenzenlos-Erdreustens‘“. In seiner Regiekonzeption „war nicht die Darstellung der Studenten romantisch, sondern es war ihre Romantik dargestellt“ (Schriften zum Theater VI, 279f.). Ganz folgerichtig, daß denn auch Pätus am Ende, d.h. nach seiner Etablierung, „nicht auf dem Parnaß, sondern am wärmenden Ofen angelangt“ (a.a.O., 286) ist, also in der saturierten Spießerexistenz.

Ausfüllen von Motivationslücken

Um den erwünschten geschlossenen Horizont des sozialistischen Gesellschaftsbilds herzustellen, füllt Brecht die bei Lenz vorhandenen Lücken der Motivation konsequent aus. Figuren, deren Motive bei Lenz nicht bis ins letzte ausgeleuchtet werden, legt Brecht auf eindeutige Beweggründe fest.

– Wenzeslaus

Wenzeslaus, bei Lenz auf kauzige Weise widersprüchlich, wird zum berechnenden Ausbeuter, der „in dem Verfolgten, für ein Asyl zu allem Bereiten, einen billigen Sklaven gefunden hat“ (a.a.O., 267).

– Gustchen

Gustchen, bei Lenz von echter Verzweiflung in den Teich getrieben, wird zur berechnenden Simulantin, die „die Schuhe auszieht, um den Kommenden eine Spur herzurichten, ja, noch einmal umkehrt, ihnen auch den Schal, sorglich gefaltet, hinzulegen und mit zurückgewandtem Antlitz in das Wasser steigt, aber es ist schließlich nur, weil sie weiß, es kann bei gutem Willen alles geordnet und gerichtet werden in ihren Kreisen" (a.a.O., 268).

Symbolische Deutung der Selbstkastration

Schließlich erhält bei Brecht das schockierendste Motiv des Stücks, Läuffers Selbstkastration, eine symbolische Ausdeutung, die so bei Lenz nicht gemeint ist, zumindest nicht so explizit. Läuffers Verzweiflungstat bleibt bei Lenz dumpfe Reaktion und kann am ehesten als Ausdruck seines kaum bewußten Strebens nach Ausbruch aus der Generationenfolge verstanden werden (vgl. S. 47f.). Sie wird auch von Läuffer selbst ausdrücklich den theologischen Sinngebungsversuchen eines Wenzeslaus entzogen. Bei Brecht gerät sie zum „Gleichnis überlebensgroß" für die Beschneidung der Lebensmöglichkeiten in der „deutschen Misere", wie es der Epilog deutlich macht:

> „Und erst wenn er verstümmelt und entmannt
> Wird er von oben gnädigst anerkannt.
> Gebrochen ist sein Rückgrat. Seine Pflicht
> Ist, daß er nun das seiner Schüler bricht.
> Der deutsche Schulmeister, erinnert ihn nur:
> Erzeugnis und Erzeuger der Unnatur!"

Formale Fortentwicklung:

Formal geht Brecht ebenfalls weit über Lenz hinaus, gibt dessen tastenden Bemühungen um eine angemessene Form für kritische Gesellschaftsdarstellung (vgl. S. 63ff.) mehr Konsequenz. Seine Bearbeitung strafft den Lenzschen Szenenbestand, zieht manche Szenen zusammen, stellt die Reihenfolge der Geschehnisse mehrfach um.

Vor allem aber reichert sie das Lenzsche Drama der offenen Form an mit den Elementen des Epischen Theaters, also der vor allem von Brecht selbst entwickelten Theaterform, die es nicht auf ‚dramatische' Zuspitzung und Wirklichkeitsillusion abgesehen hat, sondern auf die durch bestimmte Kunstmittel (Wendungen ans Publikum, eingeschobene Songs, Montage verschiedener Darstellungsebenen usw.) erreichte Distanz des Zuschauers.

– Prolog und Epilog

Besonders deutlich wird das durch den vorangestellten Prolog und den nachgestellten Epilog, in denen jeweils die Ebene der deutenden Kommentierung betreten wird. Aber auch in der bei Lenz schon angedeuteten, bei Brecht jedoch konsequent verstärkten Marionettenhaftigkeit des Bewegungsstils ist diese Tendenz spürbar, etwa in Szene I, 3, zu der Brecht schreibt:

– Bewegungsstil

> „In sehr gerader Haltung, die Fäuste in die Hüften gestützt, vollführt (Läuffer) einige vollendete Schritte an der Rampe entlang, die Beine sehr hoch hebend und den Raum, der ihm für die choreographische Figur zur Verfügung steht, sorglich einteilend. Sein Kopf erscheint etwas verdreht, auf die Schulter geschraubt“ (a.a.O., 288).

– Szenische Präsentation

Schließlich wird epische Distanz besonders deutlich durch szenische Manöver wie die Präsentation der in Halle spielenden Studentenszenen; sie „wurden auf der Drehbühne bei sich öffnender Gardine herangefahren, um die Einbeziehung der Geschehnisse im ‚fernen Halle‘ sichtbar zu machen“ (a.a.O., 282). In diesen Zusammenhang gehört endlich auch der Jahreszeiten-Bilderbogen des Zwischenspiels:

– Zwischenspiel

> „Zur Glockenmusik einer Spieldose, der einige Töne fehlen, dreht sich die Bühne, und man sieht das Vergehen eines Jahres und wie unsere Personen es zubringen. Im Winter wandelt Fritz von Berg unter italienischen Zitronenbäumen; im Frühjahr ehelicht Pätus seine Karoline in Halle; im Sommer näht Gustchen Windeln zu Insterburg; im Herbst macht Läuffer immer noch Schreibarbeiten in der Dorfschule“ (Stücke XI, 184).

Epische Distanz, tastend angelegt schon bei Lenz in den ständigen hastigen Bühnenverwandlungen, ist in solchen jahrmarkthaft kaleidoskopischen Darbietungen konsequent verwirklicht – um den

Preis einer Umfunktionierung des Lenzschen Stücks, die eigenen Gesetzen gehorcht. Daher kann weder Brechts Version am Original noch das Original an Brechts Version gemessen werden.

Kipphardts Neufassung der „Soldaten“

Über die Motive, die Heinar Kipphardt zu seiner Bühnenfassung der Lenzschen „Soldaten“ veranlaßt haben, gibt er selbst in seiner dem Text angefügten Notiz „Zur Bearbeitung“ Auskunft:

Kipphardts Intention

> „Der Verfasser hält DIE SOLDATEN des J. M. R. Lenz für eines der Schlüsselstücke des deutschen Dramas. (...) Von den Schönheiten des Stückes angezogen und dessen Schwächen vor Augen, unternahm ich den Versuch, das Stück in einer verbesserten Fassung vorzulegen. (...) Es ist das Ziel der Bearbeitung, den SOLDATEN des Lenz den Platz im Bestande der deutschen Schaubühne zu erwerben, der ihnen zukommt, und der ihnen seit nahezu 200 Jahren verweigert wird.“

Kipphardts Neufassung verfolgt also grundsätzlich andere Ziele als Brechts Bearbeitung des „Hofmeister“, und dem entspricht, daß die Eingriffe in den Lenzschen Dramentext sehr viel geringer sind. Kipphardt hält sich im wesentlichen an die vorgegebene Handlungsführung. Den 35 Szenen bei Lenz entsprechen 32 bei Kipphardt, was eine sehr maßvolle Straffung bedeutet; dabei kommt es auch nirgendwo zu bedeutsameren Verschiebungen von Handlungselementen, so daß, wie die zitierte Notiz es umreißt, „der unruhige und unregelmäßige Gang der Handlung nicht geglättet“ wird.

Straffung

Die Tendenzen von Kipphardts Neufassung lassen sich daher nicht einem revidierten Gesamtplan entnehmen, sondern eher einigen markant veränderten oder mit Zusätzen versehenen Szenen.

Kipphardts Verfahren zeigt sich exemplarisch in der Fassung, die er der Szene I, 5 gibt, in der Mariane (bei Kipphardt, wie in der Druckfassung: Marie) aus der Komödie kommt. Viel deutlicher als bei Lenz wird hier erkennbar, daß das Abendessen – und damit symbolisch die patriarchalische Familienordnung! – hier gestört wird. Überhaupt werden die Familienbeziehungen viel genauer herausgearbeitet, etwa durch den Privatkampf der Mutter Wesener gegen die schwerhörige Großmutter; bei Lenz wird Frau Wesener in dieser Szene nur in der einleitenden Regieanweisung erwähnt und die Großmutter, die doch sonst im Stück präsent ist, überhaupt nicht! Gerade dieser weist Kipphardt noch eine besonders theaterwirksame Schlußpointe zu – die bohrende, vordergründig durch die Schwerhörigkeit motivierte, das bedrohliche Ausbrechen der Tochter nochmals betonende Nachfrage „Wo war jetzt die Marie?“ – Die Neufassung der Szene läßt erkennen, worauf es Kipphardt ankam: Präzisierung der sozialen Verkettungen.

Präzisierung der sozialen Bezüge (I,5)

Dieses Verfahren hat Kipphardt auch bei der Schlußszene des ‚Privatstrangs‘ (vgl. S. 65f.) angewandt, bei Szene V, 2 (Lenz: V, 4) also. Hier läßt er zwar wie Lenz Maries Schicksal in der Schwebe. Das endgültige Wiederfinden von Vater und Tochter bleibt jedoch nun ungewiß, da Marie nach der gegenseitigen Wiedererkennung fortläuft. Vor allem durch die letzte Äußerung der Stadtwache („Wer weiß das, Herr, es sind ja doch nur Huren.“), mit der das Stück den Zuschauer entläßt, ist bei Kipphardt nochmals Maries sozialer Abstieg drastisch betont.

Theatereffekte (III,1 – I,6)

Gelegentlich hat Kipphardt wohl auch allzu grelle Theatercoups eingearbeitet. Am Schluß der Szene III, 10 ohrfeigt der junge Graf den Bedienten, der die Gräfin von seinen Eskapaden informiert hat. Ein überflüssiger, reichlich äußerlicher Knalleffekt, der hier nur den despotischen Umgang der noblen Herrschaften mit ihren Untergebenen drastisch vor Augen führen soll! Gerade am Beispiel der Gräfin will Kipphardt aber eher die Herrschaftsmittel subtiler Manipulation vor-

führen; dabei stört der handgreifliche Szenenschluß eher.
Besonders überzogen erscheint auch der Schluß der Szene I, 6. Er setzt bei Lenz einen wesentlichen Akzent: Marianes gefährlicher gesellschaftlicher Ehrgeiz („wenn ich nun mein Glück besser machen kann“) steht unvermittelt neben echter Gefühlsverwirrung. Ihre Selbstauslieferung an das aufkommende Gewitter („Trifft mich's so trifft mich's, ich sterb nicht anders als gerne.“) zeigt kreatürliche Hilflosigkeit und eine Vorahnung des kommenden Unheils. Die bedrohliche Vorstellung „Ein Mädele jung ein Würfel ist“ aus dem Lied der Großmutter klingt in der Hingabe an den Zufall an. Kipphardt läßt Marie an dieser atmosphärisch wichtigen Stelle ihren Bettvorhang zurückschlagen – und auf den dort verborgenen Desportes stoßen! Als ob das nicht genug wäre, taucht dann nochmals Wesener auf und wird von der Tochter aus dem wieder verhüllten Bett mit doppeldeutigen, vordergründig auf die Sphäre des Religiösen, für den wissenden Zuschauer aber auf die des Erotischen verweisenden Angaben verabschiedet. Hans Schwab-Felisch merkt in seiner Kritik zur Uraufführung an: „Die Szene sollte sofort wieder gestrichen werden; sie hilft nicht weiter und lockt die Zuschauer nur auf eine falsche Komödienfährte“ (F.A.Z. vom 20.8.1968).

Modifikation von Figuren:

Kipphardt gibt im übrigen verschiedenen Figuren des Stücks ein verändertes Profil. Aus Desportes' Jäger, der bei Lenz am Rand auftritt, wird bei Kipphardt ein Sekretär, der durch seine Intrigen Einfluß auf Maries Schicksal gewinnt.

– Sekretär

Der Feldprediger Eisenhardt, bei Lenz als aufrechter, wenn auch faktisch einflußloser Repräsentant der Moral gezeichnet, gewinnt bei Kipphardt eher Züge eines beschränkten Eiferers.

– Feldprediger

Vor allem wird die Gräfin bei Kipphardt viel stärker auf egoistische Züge festgelegt als bei Lenz, wenn sie zwar Maries Rettung versucht, aber vor allem im Sinn hat, ihren Sohn dem Kontakt mit Marie zu entziehen. Kipphardt schreibt zu dieser Akzentverschiebung, die er schon bei Lenz angelegt sieht:

– Gräfin

> „Die Philanthropie der Gräfin wird mit ihren Interessen verbunden. (...) Natürlich behält sie auch bei mir das Bewußtsein, eine Wohltäterin zu sein, aber der Zuschauer sieht, daß ihre Interessen diese Haltung produzieren“ (Stücke II, 322f).

Gemeinsam ist allen diesen Umwertungen von Lenzschen Figuren, daß sie die negativen Momente verstärken und damit die alles durchdringende Pervertiertheit der Gesellschaft, die sie hervorgebracht hat, über die schon bei Lenz vorherrschende kritische Sicht hinaus betonen. Darin liegt bei aller relativen Bescheidenheit von Kipphardts Bemühung um die „Soldaten“ eine Gemeinsamkeit mit Brechts Bearbeitung des „Hofmeister“.

Schlußszene und Reformvorschlag

Für das alte Problem, wie die Schlußszene mit ihrem verschrobenen Reformprogramm der „Pflanzschulen für Soldatenweiber“ (vgl. S. 29f.) sinnvoll eingegliedert werden kann, hat Kipphardt eine bestechende Lösung gefunden, indem er einen schon von Lenz selbst gewiesenen Weg konsequent zu Ende gegangen ist! Lenz hat die Autorität dieses Vorschlags ja dadurch in Frage gestellt, daß er ihn in der 2. Fassung der Schlußszene statt der – jetzt skeptischen – Gräfin dem Obristen in den Mund legte. Bei Kipphardt macht nun gleich der „Spinner“ des Stücks, der abseitige Phantast Pirzel also, den Vorschlag. Damit erscheint diese Vorstellung von den „Soldatenweibern“ und zusammen damit die paradiesisch-unglaubwürdige Vision einer harmonischen Gesellschaft nicht mehr als Wahnidee des Autors Lenz, sondern nur noch als Wahnidee eines im Stück vorkommenden Wirrkopfs.
Der gewichtigste traditionelle Einwand gegen „Die Soldaten“ fällt durch die Wendung, die Kipphardt damit der Schlußszene gibt, in sich zusammen. Ob man aber im Ernst das Stück in dieser Neufassung – oder nicht vielleicht doch in der originalen Form, mitsamt der dazugehörigen historischen Patina des Widersprüchlichen und Bizarren, auf der Bühne sehen will, bleibt eine offene Frage.

Zimmermanns Oper „Die Soldaten“

Wer Bernd Alois Zimmermanns Oper „Die Soldaten“ auf der Bühne erlebt, der setzt sich verblüffend vielfältigen, zunächst verwirrenden Klang- und Szeneneindrücken aus. Handlungsmomente der Lenzschen Komödie sind hier mehrfach aus der Aufeinanderfolge gelöst und laufen gleichzeitig ab. Der Schluß des II. Akts beispielsweise verteilt Marianes Schäkerszene mit Desportes und den bei Lenz in Szene II, 3 daran anschließenden Auftritt der Großmutter auf getrennte Schauplätze (Zimmer/Nebenzimmer) und stellt sie so nebeneinander; zugleich erlebt der Zuschauer auch noch mit, wie Stolzius auf Marianes abweisenden Brief reagiert (bei Lenz Szene III, 2). Am Beginn des IV. Akts hat Zimmermann gar acht Lenzsche Kurzszenen nebeneinandermontiert.
Was zunächst chaotisch wirken mag, hat allerdings Methode. Bernd Alois Zimmermanns Oper „Die Soldaten“ gilt heute als eines der Schlüsselwerke des modernen Musiktheaters; sie wurde schon vom Dirigenten der Uraufführung, Michael Gielen, als eine der ganz wenigen Opern angesehen, die zu den bleibenden Werken des 20. Jahrhunderts zu rechnen sind – neben Alban Bergs „Wozzeck“ und „Lulu“, neben Arnold Schönbergs „Moses und Aron“.

Entstehung

Vor dieser Uraufführung (am 15. Februar 1965 in der Kölner Oper) liegt eine verwickelte Entstehungsgeschichte. An der Erschöpfung der psychischen Lebenskraft des Komponisten, der später den Freitod wählte, scheint die Verschleppung des Erscheinens der „Soldaten“ auf der Opernbühne nicht unbeteiligt zu sein.

Ineinander von Zukunft, Gegenwart und Vergangenheit

Zimmermann, der schon in seiner Jugend auf Lenz’ Stück gestoßen war, fühlte sich vor allem angezogen durch das Bemühen des Dramatikers um „innere Einheit“ bei gleichzeitigem Verzicht auf die drei aristotelischen Einheiten der Handlung, des Orts und der Zeit. Der Komponist empfand den Abstand der Dramaturgie des

Sturm und Drang von der ihm selbst vorschwebenden Art eines totalen Musiktheaters als „erstaunlich klein“: „Zukunft, Gegenwart und Vergangenheit werden vertauschbar“ (Zimmermann 1974, 96).

Diese Aufsplitterung des zeitlichen Nacheinander in ein scheinbar chaotisches, in Wirklichkeit eher extrem vielstimmiges Durch- und Ineinander steht im Dienst einer fast apokalyptischen Weltaussage:

> „Während sich der Theaterbesucher noch genüßlich (und das gezielter- und erlaubtermaßen) an einem ‚Terzett‘ etwa erlabt, bricht unversehens ein Strudel von sich überschlagenden Ereignissen herein, ein Strudel, der alles in der gleichen Sekunde fortreißt; um es noch einmal zu sagen: die Zukunft frißt sich bedrohlich in die Vergangenheit ein und präsentiert ein Bild der Gegenwart, dem wir alle – zum Schluß – gegenüberstehen“ (a.a.O., 97).

Zwangssituation

Zimmermann sieht als Quintessenz der so erfaßten Welt eine immerwährende Zwangssituation, die alle Personen in gleicher Weise betrifft und daher auch zur Auflösung und Vertauschbarkeit der Person führt. Maries Geschichte ist für Zimmermann so „eine alltägliche Geschichte, allen Zeiten angehörend; die Geschichte der Marien, Magdalenen, Maggies“ (a.a.O., 97).

Musikdramatisch wird diese bedrängende Weltgestaltung umgesetzt durch die Verwendung gegensätzlichster musikalischer und szenischer Ausdrucksmittel, vom Bach-Choral bis zum Jazz und zum bloßen Geräusch auf der einen, von der Pantomime bis zum Sprechtheater, zum Tanz und zur Filmeinblendung auf der anderen Seite.

Zeit- und Erlebnisstrom

Alles mündet ein in einen „pluralistischen Zeit- und Erlebnisstrom“ (a.a.O., 97) über die Grenzen von Person, Zeit und Raum hinweg. Hinter diesem Verfahren steht neben der radikalisierten Lenzschen Dramaturgie auch die persönliche Zeit-Philosophie des Komponisten. Ferner bildet die extrem vielsträngige, mit Erzählmitteln wie dem ‚inneren Monolog‘ den Bewußtseinsstrom der

Figuren wiedergebende literarische Technik von James Joyce („Ulysses", 1922) eine wichtige Quelle von Einflüssen.
In dieses totale Musiktheater ist der Lenzsche dramatische Wortlaut im Prinzip unverändert eingegangen; er wird noch ergänzt um einige Gedichte aus Lenz' lyrischem Werk. Zerschlägt schon Lenz in seiner Szenentechnik die Kontinuität, so löst Zimmermann die Bruchstücke aus ihrer linearen Folge und ordnet sie sozusagen über- und untereinander an. In dieser Weise stürmen manchmal drei und mehr Szenen zugleich auf den Zuschauer ein.

Simultane Szenenstruktur

Die damit entstandene Simultaneität ist etwas anderes als die schon grundsätzlich der Oper eigene Möglichkeit, mehrere szenische Vorgänge, musikalisch verbunden, gleichzeitig zu präsentieren: denn dabei handelt es sich in der Regel doch um fiktiv gleichzeitige Vorgänge! Dagegen setzt Zimmermanns Technik der Simultanszene, sein repräsentatives künstlerisches Mittel, viel radikalere Schnitte. Angelus Seipt (1989, 146) faßt deren Kennzeichen folgendermaßen zusammen:

1. Mehrere Personen oder Personengruppen, die untereinander nicht direkt kommunizieren,
2. mehrere getrennte Schauplätze, auf denen mehrere szenische Handlungen zumindest teilweise parallel ablaufen können,
3. im musikalischen Bereich mehrere voneinander klanglich strukturell unterschiedene Schichten, die oft jeweils einer szenischen Teileinheit zugeordnet sind.

Es scheint, als wäre in dieser Bearbeitung für das Musiktheater der von Lenz schon in äußerster Überdehnung der bühnenästhetischen Mittel seiner Zeit gestaltete Zerfall der sinnvoll geordneten Welt noch um ein entscheidendes Stück weitergetrieben. Es scheint aber auch, als sei dies um eben den Preis geschehen, den schon Lenz bezahlt hat – um den Preis der hoffnungslosen Unzugänglichkeit des dabei entstandenen Werks für ein breiteres Publikum.

Literatur und Fernsehproduktionen

Das folgende Verzeichnis erhebt keinen Anspruch auf Vollständigkeit. Es nennt die wichtigsten Ausgaben, die für die Arbeit an Lenz' Werken und ihre Vorbereitung in Frage kommen. Ferner orientiert es über Materialien, die bei der Erschließung der beiden Stücke, ihrer Hintergründe und der Biographie des Autors hilfreich sind. In knapper Auswahl sind die grundlegenden Interpretationen aufgeführt.
Da die wichtigsten Textausgaben des „Hofmeister" und der „Soldaten" ausführliche Anmerkungen enthalten, wurde im Rahmen dieser Lektürehilfe auf die Kommentierung schwieriger Textstellen verzichtet.

Ausgaben und Materialien

J.M.R. Lenz: Der Hofmeister oder Vorteile der Privaterziehung. Komödie. Mit einem Nachwort von Karl S. Guthke (= UB 1376). Stuttgart: Reclam 1963

J.M.R. Lenz: Werke und Schriften. Hg. von Britta Titel und Hellmut Haug. 2 Bde. Stuttgart: Goverts 1966/67

J.M.R. Lenz: Die Soldaten. Komödie. Mit einem Nachwort von Manfred Windfuhr (= UB 5899). Stuttgart: Reclam 1975

J.M.R. Lenz: Die Soldaten. Text, Materialien, Kommentar. Hg. von Edward McInnes (= Reihe Hanser 237). München/Wien: Hanser 1977

J.M.R. Lenz: Der Hofmeister oder Vorteile der Privaterziehung. Eine Komödie/mit Materialien, ausgewählt und eingeleitet von Udo Müller (= Editionen). Stuttgart: Klett 1980

J.M.R. Lenz: Die Soldaten. Ein Schauspiel/mit Materialien, ausgewählt und eingeleitet von Udo Müller (= Editionen). Stuttgart: Klett 1980

J.M.R. Lenz: Werke und Briefe in drei Bänden. Hg. und mit einem Essay von Sigrid Damm. Leipzig: Insel und München: Hanser 1987

J.M.R. Lenz: Werke. Hg. von Friedrich Voit (= UB 8755). Stuttgart: Reclam 1992

J.M.R. Lenz: Werke. Dramen/Prosa/Gedichte. Ausgewählt und kommentiert von Karen Lauer. Mit einem Nachwort von Gerhard Sauder (= dtv klassiker 2296). München: dtv 1992

Erläuterungen und Dokumente / J.M.R. Lenz: Die Soldaten. Hg. von Herbert Krämer (= UB 8124). Stuttgart: Reclam 1974
Erläuterungen und Dokumente / J.M.R. Lenz: Der Hofmeister oder Vorteile der Privaterziehung. Hg. von Friedrich Voit (= UB 8177). Stuttgart: Reclam 1986
Bertolt Brecht: Der Hofmeister / von J.M.R. Lenz / Bearbeitung (In: Stücke XI [Bearbeitungen]. Frankfurt: Suhrkamp 1964)
Der Hofmeister: Tragikomödie von J.M.R. Lenz in der Bearbeitung des Berliner Ensembles (In: Theaterarbeit. Sechs Aufführungen des Berliner Ensembles. Düsseldorf 1952, 68–120)
Bertolt Brecht: Anmerkungen zu Stücken und Aufführungen / Zu „Der Hofmeister" von Lenz (In: Schriften zum Theater VI. Frankfurt: Suhrkamp 1964)
Heinar Kipphardt: Stücke (2 Bde.). Frankfurt: Suhrkamp 1974 [Bearbeitung der „Soldaten". II, 187–254]
Heinar Kipphardt: Die Soldaten nach J.M.R. Lenz (In: Joel Brand und andere Theaterstücke [= rororo 12194]. Reinbek bei Hamburg 1988)
Heinar Kipphardt: Zur Bearbeitung der „Soldaten" / Beispiele für den Vergleich des Originals mit der Bearbeitung (In: Stücke, II. Bd., Frankfurt: Suhrkamp 1974)
Zimmermann, Bernd Alois: Zu den „Soldaten" (In: B.A. Zimmermann: Intervall und Zeit. Aufsätze und Schriften zum Werk, hg. von Christof Bitter. Mainz: Schott 1974, 95–98)

Zu Autor und Werk

Rosanow, M.N.: Jakob M.R. Lenz, der Dichter der Sturm- und Drangperiode. Sein Leben und seine Werke. Deutsch von C.v. Gütschow. Leipzig 1909 (Nachdruck: Leipzig 1972)
Hohoff, Curt: Jakob Michael Reinhold Lenz in Selbstzeugnissen und Bilddokumenten (= Rowohlts Monographien 259). Reinbek bei Hamburg 1977
Scherpe, Klaus: Dichterische Erkenntnis und ‚Projektemacherei'. Widersprüche im Werk von J.M.R. Lenz (In: Goethe-Jahrbuch 94/1977, 206–235)
Stephan, Inge / Winter, Hans-Gerd: „Ein vorübergehendes Meteor"? J.M.R. Lenz und seine Rezeption in Deutschland. Stuttgart: Metzler 1984
Damm, Sigrid: Vögel, die verkünden Land. Das Leben des Jakob Michael Reinhold Lenz. Berlin und Weimar: Aufbau 1985 und München: Hanser 1989

Winter, Hans-Gerd: J.M.R. Lenz (= Slg. Metzler 233). Stuttgart: Metzler 1987
Wurst, Karin A. (Hg.): J.M.R. Lenz als Alternative? Positionsanalysen zum 200. Todestag. Köln/Weimar/Wien: Böhlau 1992

Zu „Der Hofmeister" / „Die Soldaten"

Schöne, Albrecht: Säkularisation als sprachbildende Kraft. Studien zur Dichtung deutscher Pfarrersöhne (= Palaestra 226). Göttingen: Vandenhoek & Ruprecht 1958 [Zum „Hofmeister": Wiederholung der exemplarischen Begebenheit, 92–138]
Höllerer, Walter: Die Soldaten (In: Wiese, Benno v. [Hg.]: Das deutsche Drama vom Barock bis zur Gegenwart. Interpretationen. Bd. I, Düsseldorf: Bagel 1958, 127–146)
Guthke, Karl S.: Lenzens „Hofmeister" und „Soldaten". Ein neuer Formtypus in der Geschichte des deutschen Dramas (In: Wirkendes Wort 9/1959, 274–286)
Klotz, Volker: Geschlossene und offene Form im Drama (= Literatur als Kunst). München: Hanser 1960
Kließ, Werner: Sturm und Drang. Gerstenberg, Lenz, Klinger, Leisewitz, Wagner, Maler Müller (= Friedrichs Dramatiker der Weltliteratur). Velber: Friedrich 1966 [Zum „Hofmeister" 40–47, zu „Die Soldaten" 57–67]
Arntzen, Helmut: Die ernste Komödie. Das deutsche Lustspiel von Lessing bis Kleist. München: Nymphenburger Verlagsgesellschaft 1968, 83–98
Eibl, Karl: ‚Realismus' als Widerlegung von Literatur. Dargestellt am Beispiel von Lenz' „Hofmeister" (In: Poetica 6/1974, 456–467)
Hinderer, Walter: Lenz / Der Hofmeister (In: Hinck, Walter [Hg.]: Die deutsche Komödie. Vom Mittelalter bis zur Gegenwart. Düsseldorf: Bagel 1977, 66–88)
Kreutzer, Leo: Literatur als Einmischung: Jokob Michael Reinhold Lenz (In: Hinck, Walter [Hg.]: Sturm und Drang. Ein literaturwissenschaftliches Studienbuch. Kronberg/Ts.: Athenäum 1978, 213–229)
Haffner, Herbert: Lenz. Der Hofmeister – Die Soldaten. Mit Brechts „Hofmeister"-Bearbeitung und Materialien. München: Oldenbourg 1979
Huyssen, Andreas: Gesellschaftsgeschichte und literarische Form: J.M.R. Lenz' Komödie „Der Hofmeister" (In: Monatshefte 71/1979, 131–144)

Müller, Udo: Stundenblätter Lenz/Brecht: Der Hofmeister – Lenz/ Kipphardt: Die Soldaten. Stuttgart: Klett 1980
Kopfermann, Thomas: Soziales Drama. Georg Büchner: Woyzeck, Gerhart Hauptmann: Die Weber, J.M.R. Lenz: Die Soldaten / (= Anregungen für den Literaturunterricht). Stuttgart: Klett 1986
Becker-Cantarino, Barbara: Jakob Michael Reinhold Lenz: Der Hofmeister (1774). (In: Interpretationen. Dramen des Sturm und Drang [= UB 8410]. Stuttgart: Reclam 1987, 33–56)
Lützeler, Paul Michael: Jakob Michael Reinhold Lenz: Die Soldaten (1776). (In: Interpretationen. Dramen des Sturm und Drang [= UB 8410]. Stuttgart: Reclam 1987, 129–159)
Sudau, Ralf: J.M.R. Lenz: Die Soldaten (= Lehrpraktische Analysen) Stuttgart: Reclam 1988
Kopfermann, Thomas. Bürgerliches Selbstverständnis. J.M.R. Lenz: Der Hofmeister, G.E. Lessing: Emilia Galotti, Fr. Schiller: Kabale und Liebe (= Anregungen für den Literaturunterricht). Stuttgart: Klett 1988
Wirtz, Thomas: „Halt's Maul". Anmerkungen zur Sprachlosigkeit bei J.M.R. Lenz (In: Der Deutschunterricht 6/1989, 88–107)
Arendt, Dieter: J.M.R. Lenz: „Der Hofmeister" oder Der kastrierte ‚pädagogische Bezug' (In: Lenz-Jahrbuch. Sturm-und-Drang-Studien. Bd. II/1992, 42–77)

Zu den Bearbeitungen

Zimmermann, Bernd Alois: Lenz und neue Aspekte der Oper (In: Blätter und Bilder 9/1960, 39–44)
Schoeps, Karl H.: Zwei moderne Lenz-Bearbeitungen (Brecht und Kipphardt). (In: Monatshefte 67/1975, 437–451)
Hinck, Walter: Produktive Rezeption heute: Am Beispiel der sozialen Dramatik von J.M.R. Lenz und H.L. Wagner (In: Hinck, Walter [Hg.]: Sturm und Drang. Ein literaturwissenschaftliches Studienbuch. Kronberg/Ts.: Athenäum 1978, 257–269)
Müller, Udo: Stundenblätter Lenz/Brecht: Der Hofmeister – Lenz/ Kipphardt: Die Soldaten. Stuttgart: Klett 1980
Knopf, Jan: Der Hofmeister. Von Jakob Michael Reinhold Lenz. Bearbeitung (In: Brecht-Handbuch. Theater. Stuttgart 1980, 292–304)
Zimmermann, Rolf Christian: Marginalien zur Hofmeister-Thematik und zur Teutschen Misere bei Lenz und Brecht (In: Drama und Theater im 20. Jahrhundert. Festschrift für Walter Hinck Göttingen 1983, 213–227)

Konold, Wulf: Bernd Alois Zimmermann. Der Komponist und sein Werk (= Dokumente). Köln: Du Mont 1986 [Zu „Die Soldaten“ 187–200]

Seipt, Angelus: Polyphonie und Collage. Die Simultanszenen in Zimmermanns „Soldaten“ und das Musiktheater der Gegenwart (In: Zwischen den Generationen. Bericht über das Bernd-Alois-Zimmermann-Symposion Köln 1987. Hg. von K.W. Niemöller und W. Konold [= Kölner Beiträge zur Musikforschung 155]. Ravensburg: Bosse 1989)

Fernsehproduktionen

10.02.1976 6.01.1978 4.08.1990	ARD ARD 1 PLUS	J.M.R. Lenz: Der Hofmeister. In der Bearbeitung von B. Brecht. Regie: Harry Buckwitz
11.07.1979 9.12.1987	ZDF ZDF	Heinar Kipphardt: Die Soldaten nach J.M.R. Lenz. Regie: Peter Beauvais
13.08.1989	ZDF	B.A. Zimmermann: Die Soldaten. Oper in 4 Akten. Inszenierung: Harry Kupfer Musikalische Leitung: Bernhard Kontarsky

Klett LernTraining®
Einfach bessere Noten
Die Reihen, die allen Bedürfnissen gerecht werden, im Überblick
Training Aufsatz
Erzählen
Nacherzählen
Training 100 Diktate 4. Schuljahr
ABITUR WISSEN
Landeskunde
Great Britain
United States of America
1. Training – Nachhilfe aus dem Buch
2. Die kleinen Lerndrachen – Training für alle Grundschüler
3. PC-Kombi-Training – die Fitness-Programme: Kombination aus Lernbuch und Übungssoftware
4. Lektürehilfen – Durchblick bei der Lektüre
5. Abiturwissen – das geballte Wissen fürs Abi
6. Abi-Training – fit fürs Abi
7. PC-Kurswissen – pures Abi–Wissen aus dem Computer
ABI-Training
Geschichte
PC-Kombi-Training
Englisch
LEKTÜREHILFEN
Nathan der Weise
Klett LernTraining im Internet:
www.klett-verlag.de/klett-lerntraining
Das Lernhits-Gesamtverzeichnis:
in Ihrer Buchhandlung oder
direkt bei Ernst Klett Verlag,
Postfach 10 60 16, 70049 Stuttgart